OCCIDENTE
NOI E LORO

DANIELE CAPEZZONE

OCCIDENTE
NOI E LORO

Contro la resa
a dittatori e islamisti

PIEMME

Pubblicato per

PIEMME

da Mondadori Libri S.p.A.

ISBN 978-88-566-9572-4

I Edizione settembre 2024

Anno 2025-2026 - Edizione 3 4 5 6 7 8 9 10

Premessa

I nostri professionisti dell'antifascismo non vogliono un 25 aprile per gli oppressi di oggi in giro per il mondo? La parola per definirli è «razzisti»

Ho iniziato a stendere queste pagine lo scorso 25 aprile: come tutti sappiamo, si tratta del giorno in cui in Italia si commemora la caduta della dittatura fascista e la ripresa del cammino – interrotto più di vent'anni prima – nella direzione della democrazia e della libertà.

Purtroppo, una data teoricamente unificante è divenuta altamente divisiva. Da molto tempo, infatti, ma con una brusca accelerazione a partire dal 1994 (anno della prima vittoria elettorale di Silvio Berlusconi), la sinistra ha operato una torsione e una potente strumentalizzazione di questa ricorrenza: facendone l'occasione di una rumorosa sceneggiata contro i presunti (e ovviamente inesistenti) fascisti di oggi, cioè semplicemente contro i propri avversari, a cui tenta invariabilmente di infilare fez-stivaloni-camicia nera. Per mostrificarli, per delegittimarli, per presentarli come portatori di un dna malato che potrebbe di nuovo condurre a esiti liberticidi. Si sa: chi non è di sinistra «deve» per forza di cose essere un fascista. A questo tic dei nostri compagni ho dedicato il mio precedente saggio *E basta con 'sto fascismo*.

Stavolta – invece – proviamo a prendere sul serio i progressisti e le loro chiassate antidittatura. Concediamo a loro totale buona fede e concediamo a noi stessi il tempo di un esercizio: facciamo come se i loro slogan, le loro scenate, le loro sfilate corrispondessero a un genuino desiderio di contrapposizione a ogni dittatura, a ogni autocrazia, a ogni lesione della libertà a qualsiasi latitudine.

Se fosse così – proseguiamo il nostro piccolo esercizio – come si potrebbe non desiderare un 25 aprile anche per tutti gli oppressi di oggi nel mondo? Un 25 aprile per gli iraniani, un 25 aprile per i venezuelani, un 25 aprile per i cubani? E poi chissà – certo, serve molto ottimismo solo per immaginarlo – un immenso 25 aprile per i cinesi o i russi?

Per stare ai conflitti aperti in questo momento: gli ucraini vorrebbero un loro 25 aprile, con gli invasori di Mosca fermati o almeno messi in condizione di non nuocere oltre. E un 25 aprile se lo meriterebbero per un verso gli israeliani e per altro verso gli stessi palestinesi ostili ad Hamas, se gli uni e gli altri potessero vedere la fine, la cancellazione, la distruzione di quel mostro terroristico.

E invece no: al solo orecchiare un argomento del genere, i nostri compagni di sinistra (e pure qualche residuato antiatlantista di destra...) tendono a storcere il naso e la bocca, ad alzare il sopracciglio, e soprattutto a recitare le loro ben note formulette prestampate: no all'esportazione della democrazia, no alla pretesa di superiorità del modello occidentale, no all'unilateralismo, sì al dialogo, sì alla diversità, bla bla bla...

Cerchiamo di mettere un po' d'ordine. Le nostre democrazie occidentali sono forse perfette e immuni da errori e in qualche caso perfino da orrori? Certo che no: ne parleremo già nel primo capitolo di questo libro. Eppure – ecco il punto – questo pur fragile e fallibile mix di democrazia elettorale e libero mercato è il modello meno difettoso, meno violento, meno disastroso che gli esseri umani abbiano saputo concepire per organizzare la loro convivenza. Di più: considerando che questo esperimento vige da pochi secoli in una limitata parte del pianeta, si può ben dire che esso sia un «vagito della storia» (cito una felicissima espressione di Marco Pannella), un tentativo ancora giovane, qualcosa che meriterebbe di essere accompagnato-perfezionato-difeso dinanzi alle sfide che inevitabilmente si stagliano all'orizzonte.

Non solo: questo modello meriterebbe forse di esser fatto conoscere a quei miliardi di esseri umani che non hanno ancora potuto né sceglierlo né tantomeno sperimentarlo. Ecco dunque il concetto chiave: non si tratta di «esportare» alcunché, ma – questo sì – di promuovere un sistema, di portarlo nel novero delle opportunità a disposizione di un numero più elevato di abitanti del pianeta, rimuovendo o contribuendo a rimuovere gli ostacoli che ne hanno finora impedito lo sviluppo in numerose aree.

È come se fossimo al bivio tra la fiducia e un altro concetto (meno piacevole, ahimè) che evocherò tra poco. La fiducia (beninteso: una fiducia nutrita di sano realismo, senza voli pindarici, senza illusioni) ci porta a ritenere che, quando le donne e gli uomini hanno la possibilità di scegliere maggiore libertà, per lo più tendono a farlo, a non disprezzare questa opportunità.

A meno di essere prigionieri – qui, nei nostri comodi appartamenti, tra aria condizionata e serie tv, maneggiando l'ultimo modello di smartphone – della curiosa convinzione secondo cui questi agi materiali e insieme un notevole grado di libertà spettino, non si sa bene perché, solo a noi, cioè soltanto a chi – nel grande gioco del destino – ha estratto la carta di nascere nel Paese «giusto».

Si tratterebbe – per chi lo adottasse – di un surreale doppio standard. Calcisticamente parlando, infatti, in casa si continuerebbe a gridare «diritto a questo, diritto a quello», in un crescendo *dirittista* pressoché inarrestabile. In trasferta, tuttavia, il soufflé dei diritti potrebbe tranquillamente sgonfiarsi, nell'indifferenza dei cuochi. Strano, no? La poetica dei diritti varrebbe solo per noi, sulla pelle e alle spalle di coloro che non potranno mai usufruirne.

C'è una parola (accennavo prima a un concetto poco gradevole in cui ci saremmo inevitabilmente imbattuti) che sintetizza questo atteggiamento dei nostri professionisti dell'antifascismo, che però non vogliono un 25 aprile per gli oppressi di tutto il mondo. Tenetevi forte, perché è l'ora – per noi – di giocare all'attacco e di metterli sulla difensiva, chiamandoli con il loro nome: è la parola «razzisti».

Dedica («fallaciana») agli amici confusi di destra

Dei comunisti (ex, neo e post), dei terzomondisti assortiti, dei pacifisti che gridano «pace» ma intendono «resa», ho già scritto nella *Premessa.*

E però, anche ad alcuni di voi, amici di destra, che diamine sta succedendo? Siete solo rammolliti o bisogna iniziare a considerarvi del tutto persi alla causa? È un caso di rincoglionimento (succede a tutti) o di resa totale? Ma come? Per anni avete e abbiamo sussurrato insieme «Oriana di qua, Oriana di là...», cos'avrebbe detto la Fallaci, cos'avrebbe scritto, quanto aveva ragione, quanto aveva visto giusto, quanto era stata profetica, come ci servirebbe oggi la sua voce, e poi? E poi invece – adesso – vi ritrovo a recitare giaculatorie in caratteri cirillici per Putin-Dugin-Kirill? A spiegare che bisogna «capire» Hamas, anzi che occorre trattarlo da «soggetto politico»? A balbettare che la ragione non sta tutta da una parte? A vergare confusi e attorcigliatissimi editoriali sul «dialogo», di volta in volta, con l'Iran degli ayatollah o con il regime cinese?

Ma vi rendete conto che seguite lo stesso copione di Michele Santoro? Con la differenza che lui – almeno – queste cose le dice e le pensa da sempre: mentre voi, che raccontavate a voi stessi e agli altri di militare su sponde opposte, siete diventati suoi allievi, peraltro più prevedibili e imbolsiti.

E ancora: avete e abbiamo insieme gridato (forse troppo poco) contro i lockdown, i green pass, le restrizioni del periodo pandemico, e poi – non si capisce in base a quale follia – ora vi mettete a giustificare regimi che sono intrinsecamente concentrazionari, ontologicamente negatori di ogni libertà? Ma siete scemi o peggio che scemi?

Ribattete: eh, ma i «politicamente corretti» ci hanno ingannato sul Covid e quindi ci inganneranno anche sull'atlantismo... Ma che ragionamento è? Sputtanateli e sputtaniamoli sulle loro incoerenze, ma senza perdere la nostra (che speravo fosse anche vostra) direzione di marcia.

Obiettate ancora: eh, ma qui qualcuno ci trascina verso la Terza guerra mondiale. E vi sbagliate ancora: perché dentro un conflitto ci siamo già. Quelli che ci volevano ammazzare l'11 settembre vogliono ancora ucciderci oppure sottometterci. Vecchi regimi sconfitti nel 1989 cercano di rialzare la testa. Altre potenze in ascesa (Pechino in testa) puntano sul medio termine per imporre la loro egemonia. E voi che fate? Nessuno vi domanda (solo dei matti potrebbero spingere in questa direzione) di abbracciare un insensato furore bellicista. Ma – questo sì – vi si chiederebbe di ragionare insieme sulle forme di deterrenza (spiriti di Reagan e Thatcher, spiegategli voi di che si tratta!) necessarie per evitare di essere minacciati – o peggio – dai nemici.

Tutto ciò per dire che questo libro polemizza certamente contro una sinistra inadeguata e smarrita. Ma non fa sconti nemmeno a una certa destra culturale imbarazzata e talora imbarazzante, che ha perso la bussola, che non difende i princìpi, che non solo non aiuta e non accompagna ma per molti versi ostacola il corretto posizionamento pro Occidente scelto da Giorgia Meloni.

Anche perché alcuni di questi intellettuali e commentatori – mettiamola così – sono recidivi, nel senso che applicano la stessa distorsione furbetta pure quando confondono sistematicamente «*liberal*» con «*liberale*», e quindi polemizzano indifferentemente con i progressisti di sinistra e con i liberali classici, nel tentativo di escludere questi ultimi dall'orizzonte della «loro» destra. Vecchia e triste storia: fingono di litigare a sinistra, ma hanno un conto aperto e una questione irrisolta con i liberali e con la libertà, esattamente come i loro arcinemici comunisti.

Ricordo a me stesso (lo si dice per eleganza) l'etimo dell'aggettivo «imbecille»: *sine baculo*, senza bastone, senza qualcosa a cui appoggiarsi. Che diceva Margaret Thatcher, la Lady di Ferro, a cui non a caso lascerò l'ultima parola in questo volume? Ripeteva che «o staremo in piedi sui princìpi o non staremo in piedi affatto». È – fotograficamente – la nostra situazione di oggi.

Mi suggerisce qualche amico di essere più cauto: perché potrei rischiare una dose di impopolarità e perdere qualche follower. Possibile: ma intanto, è meglio perdere qualche follower che perdere sé stessi. E se siamo arrivati al punto in cui non solo alcuni politici tremebondi, ma perfino quei commentatori, quelle voci libere a cui si richiederebbe – per definizione – un po' di coraggio morale e intellettuale stanno lì a contare i «mi piace», a inseguire il consenso effimero anziché le idee in cui credono (se ci credono), allora vuol dire che il buio è davvero fitto.

Una ragione di più per proporvi le pagine e i capitoli che seguono, senza opportunismo e soprattutto senza furbe-calcolatissime-ingannevoli «prudenze». Viva una sana-ragionevole-sincera imprudenza, dunque!

1
Si può essere per l'Occidente e insieme contro il vecchio *establishment* politico e le verticalizzazioni tecnocratiche

Mettiamo subito i piedi nel piatto e le cose in chiaro. Dove sta scritto che, se uno difende le nostre democrazie, con ciò debba tenersi tutto il «pacchetto» preconfezionato, e quindi possa essere arruolato d'imperio a favore di tecnocrati, politici d'*establishment*, volponi o uccelli rapaci delle vecchie élite, e così via?

Il giochino di alcuni autoproclamati «ribelli» è sempre lo stesso, quello del «fantoccio polemico»: attaccare non un avversario reale ma una caricatura costruita a loro uso e consumo, e alla quale attribuiscono le posizioni meno difendibili e più sgradevoli. E quindi, secondo questi cantori delle autocrazie (che però, chissà perché, stentano a trasferirsi a Pechino, a Teheran e a Mosca, e preferiscono restare comodamente qua), se uno tifa per l'Occidente, automaticamente deve essere incasellato, a casa nostra, come un servo sciocco, come un obbediente inerte, come una pedina più o meno consapevolmente succube del «sistema».

È l'ora di smontare queste acrobazie retoriche di quart'ordine: si può essere fieri difensori delle democrazie occidentali e al tempo stesso tenaci riformatori delle stesse, altro che marionette o foglie di fico dell'*establishment*. È sufficiente pensarci un attimo, e ognuno di noi è in grado di ricordare figure superoccidentali eppure supereterodosse, nemiche giurate dello status quo. Qualche esempio al volo? Nel mondo, Margaret Thatcher e Ronald Reagan. Qui in Italia, due personalità tra loro lontanissime per alcuni versi eppure vicinissime per altri come Francesco Cossiga e Marco Pannella.

Semmai, questo argomento polemico può essere agevolmente rovesciato almeno per tre ragioni. La prima: sono proprio le dittature che, nel tentativo di legittimarsi, praticano una specie di *maquillage* estetico, cercando di adottare forme e parvenze elettorali mutuate dalle nostre democrazie. Non si trovano più dittatori che si presentino esplicitamente come tali: al contrario, gli autocrati cercano di autobattezzarsi e cresimarsi attraverso finte elezioni, plebisciti, responsi farlocchi. Ma è pur sempre qualcosa di significativo dal nostro particolare punto di vista: noi occidentali ci ritroviamo spesso a sottovalutare le urne e la democrazia, a ritenerli attrezzi deludenti-desueti-inefficaci; loro invece, sia pure attraverso una messinscena e un pallido simulacro, ne sentono il fascino o per lo meno l'utilità, nel tentativo di indossare panni più decorosi. Un motivo di più – per noi – per non disprezzare la merce che abbiamo in casa, per comprenderla e valorizzarla al meglio.

Seconda ragione: è proprio la prepotenza a-democratica (se non antidemocratica) di certe soluzioni tecnocratiche e di palazzo che, qui da noi, ha massimamente contribuito alla delusione degli elettori verso la cassetta degli attrezzi della democrazia. Pensate al ragionamento di molti cittadini italiani che – va detto – fila eccome: che voto a fare, a che diavolo serve la mia scheda, se poi, a urne chiuse, per dieci lunghi anni sono stati costruiti governi, pur formalmente legittimi in quanto dotati di fiducia delle Camere, totalmente scollegati dalla mia volontà? E proprio qui sta il doppio danno creato dai tecnocrati e dagli alchimisti di palazzo, da quelli che chiamerei i «correttori della democrazia»: prima hanno bypassato la volontà popolare, e poi hanno finito per svuotare e screditare le stesse procedure democratiche. In fondo, per indurre un popolo a transitare dal «questi politici fanno schifo» al «fa tutto schifo» (voto incluso) basta un attimo, un battito di ciglia.

Terza ragione: per mia antica convinzione, quando gli elettori parlano, occorre ascoltarli. Non sto proponendo un rozzissimo «*vox populi, vox dei*», ma penso che sia un grave errore la spocchia giudicante di chiunque pretenda di dare i voti ai cittadini. La democrazia funziona all'opposto: sono gli elettori che giudicano, non le autonominate «giurie di qualità» che danno le pagelle al popolo. Se dunque così tanti cittadini dei Paesi occidentali sono delusi dalla *performance* offerta dalle nostre democrazie, occorre ascoltare-capire-interrogarsi. Altro che scagliare anatemi o demonizzare.

Si comprende dunque lo sforzo titanico che ci tocca come – contestuali – amici delle democrazie e avversari dei mandarini incartapecoriti che pretenderebbero di pilotarle alle spalle degli elettori. Per un verso, siamo chiamati a contrastare questi tentativi di surroga «tecnica»; per altro verso, dobbiamo incoraggiare – a destra e a sinistra, dove ognuno preferisca in base alla propria sensibilità – la crescita di personale politico adeguato, pronto, non improvvisato; per altro verso ancora, non dobbiamo esitare nell'attribuire i titoli di marionetta e di foglia di fico a chi assume (a volte spontaneamente, a volte «spintaneamente»: e starei per dire che la prima ipotesi è quasi più spiacevole della seconda, perché essere cretini è peggio che essere corrotti), nella nostra discussione pubblica, il posizionamento più comodo dal punto di vista dei nemici della libertà. Un comportamento da utili idioti, per dirla senza girarci troppo intorno.

E così, incombe su di noi una prova di difficoltà pazzesca: distinguere sempre, «spacchettare» gli argomenti, ed evitare saldature tra finti nemici che in realtà finiscono per sorreggersi a vicenda. Perché finché ci sarà un demagogo incapace, il classico grillino non in grado di disegnare una «o» nemmeno con l'aiuto di un bicchiere, allora avranno facilmente campo libero soluzioni tecnocratiche. E contestualmente, finché dilagherà la presunzione dei tecnici e dei superburocrati, allora otterranno agevolmente spazio uguale e contrario gli urlatori antisistema, gli sfasciacarrozze senza proposte, gli improvvisatori e i casinisti assortiti.

Ma non perdiamo il filo e restiamo tenacemente aggrappati al ragionamento di fondo: dobbiamo da un lato incoraggiare forme di automonitoraggio e irrobustimento interno delle nostre democrazie, e dall'altro tentare di promuovere e far conoscere questo possibile modello a chi lo ignora o tuttora se lo vede precluso. Ecco: Freedom House è un'organizzazione, fondata in America nel 1941, che si batte per la difesa delle libertà politiche e della democrazia. I suoi report non vanno certo considerati acriticamente né presi per oro colato: in quei documenti, non di rado, anche sull'Italia, si sono a volte lette banalità, imprecisioni, o alcune considerazioni politicamente orientate, e tuttavia si tratta di materiale che non si può sottovalutare. In questo senso, fa impressione leggere il rapporto *Freedom in the world 2024*, di cui sintetizzo così i dati salienti: la libertà globale è decresciuta nel 2023 per il diciottesimo anno consecutivo, a testimonianza di una tendenza lunga e ormai consolidata alla compressione, non all'espansione, della libertà e delle possibilità di scelta per gli esseri umani. I diritti politici e le libertà civili si sono ridotti in cinquantadue

Paesi, mentre hanno fatto passi in avanti solo in ventuno nazioni. In dettaglio, i Paesi in cui si è assistito a una contrazione di diritti politici e libertà civili ospitano più di tre volte gli abitanti di quelli in cui si è invece assistito – sempre nel 2023 – a un miglioramento della situazione: 22% contro 7%. Complessivamente, secondo la tripartizione di Freedom House, il 38% degli abitanti del pianeta vive in Paesi non liberi (*not free*), il 42% in Paesi parzialmente liberi (*partly free*), e solo il 20% in Paesi liberi (*free*). Per carità, si tratta di una convenzione, di una stima, di una ricerca come tale assolutamente discutibile, ma il dato aggregato è raggelante: tra Paesi non liberi e solo parzialmente liberi, la popolazione mondiale coinvolta arriva all'80% degli abitanti del pianeta.

Davanti a tutto questo, non varrebbe la pena porsi il problema di allargare lo spazio della democrazia? Lo ripeto ancora a scanso di equivoci: senza automatismi, senza meccanicismi, senza costruttivismi, senza illusioni di export. E invece no: prim'ancora che subire l'offensiva dei nemici esterni, degli avversari della libertà, di autocrati e dittatori, siamo drammaticamente esposti a un'autoerosione interna. Siamo disamorati, non siamo convinti, siamo anzi nauseati di ciò che siamo. Paradosso nel paradosso: gli altri ci studiano, cercano ispirazione nel nostro presente e nel nostro passato, prendono sul serio le nostre radici, mentre noi ci detestiamo.

È come se – in uno slittamento ulteriore – fossimo già a un passo successivo rispetto alla già odiosa *cancel culture*: con l'inquietante approdo allo stadio di una *self-contempt culture* o se vogliamo di una *shame culture*, cioè di una cultura del disprezzo di sé e della vergogna. Ce lo spiegano politici (progressisti, e a volte non solo loro, ahinoi...), intellettuali, docenti universitari: c'è sempre una presunta buona ragione per vergognarci di noi stessi, per disprezzarci, per praticare una sorta di autorazzismo.

Curioso, no? Sul piano personale e privato, amiamo parlare di accettazione-empatia-inclusione come massime virtù, come modo migliore di accogliere gli altri, comprenderli, non giudicarli. E invece, quando si passa alla nostra dimensione pubblica e collettiva come occidentali, cambia tutto: e si aprono praterie per l'odio, lo sradicamento, l'incapacità di considerare parte di un patrimonio comune ciò che siamo stati e in fondo siamo ancora.

Mi rendo conto che rischio di virare verso uno scivoloso registro psicopolitico, ma – a ben vedere – c'è da mettere perfino in discussione i pronomi inseriti nel titolo di questo libro: «Occidente, noi e loro». «Noi chi», verrebbe da dire? Se siamo pieni di autoflagellatori e di spingitori in casa di cavalli di Troia, se preferiamo costantemente un racconto autocolpevolizzante, allora saremo sempre meno in grado di riconoscere chi siano «loro». Eppure «loro» ce l'hanno fatto ben capire chi siano e cosa vogliano: dall'11 settembre 2001 al 7 ottobre 2023, per citare due date-spartiacque. Sono quelli che ci vogliono uccidere o sottomettere, sono quelli che amano la morte – propria e altrui – più della loro stessa vita. Ma noi non vediamo, non capiamo o fingiamo di non capire. Anzi, davanti allo specchio appannato della nostra coscienza di occidentali, puntiamo il dito accusatore contro noi stessi, cumulando i tre ruoli di accusatori-imputati-giudici, e autoinfliggendoci l'ennesima condanna morale.

A onor del vero, in questa situazione pesa due volte (e quanto significativamente!) ciò che è avvenuto in epoca Covid, quando le nostre democrazie, peraltro – il che raggela – con apparente elevatissimo consenso popolare e con un comportamento largamente umiliante dei maggiori media, hanno accettato di calpestare molte libertà: lockdown estesissimi, governi onnipotenti, cittadini e imprese costretti ad apprendere la sera prima ciò che avrebbero o non avrebbero potuto fare il giorno dopo, arbitrio assoluto da parte delle autorità, criminalizzazione del dissenso, discriminazione dei non vaccinati.

In termini economici, è stata avallata la tesi assurda secondo cui si potesse non lavorare: tanto qualcun altro (papà-Stato) avrebbe provveduto a ogni necessità. Come se, premendo il tasto *off* e azzerando il motore dell'economia, si potesse pensare di riaccenderlo – molto tempo dopo – senza effetti negativi. Roba da pazzi.

Per sovrammercato, in termini politici e civili, abbiamo assistito – prima e dopo la parentesi Covid – a un autentico carnevale in cui gli stessi personaggi, le medesime classi dirigenti abituate ad avvolgersi nella bandiera della libertà non hanno avuto un solo istante di esitazione a calpestarla, travolgendo princìpi costituzionali ed elementare buon senso.

In queste condizioni, pensare che una quota rilevante di opinione pubblica avrebbe mantenuto fiducia verso quel ceto politico e quelle istituzioni era pura illusione. Non solo: è stato un gioco da ragazzi, per chi – dentro e fuori il perimetro delle società occidentali – aveva in animo un progetto di indebolimento e di disarticolazione del nostro mondo, far leva, a quel punto, su contraddizioni vere, su un autentico collasso della credibilità di moltissimi partiti e personalità politiche.

Un'altra potente botta, ben prima del Covid (e qui ancora una volta l'Italia era stata laboratorio fin dal 2011, con la cacciata del governo Berlusconi e l'incardinamento dell'esecutivo Monti), era stata inferta attraverso lo strapotere dei governi tecnici. Formalmente legittimi, come spiegavo prima, ma evidentemente scollegati dalla volontà popolare. Il gioco si è ripetuto con Mario Draghi, altra personalità di indubbio prestigio e autorevolezza. Ma a forza di separare il *kratos*, cioè l'esercizio del potere, dalla sua necessaria fonte popolare, cioè il *demos*, si è compiuta un'operazione rischiosa, di verticalizzazione a-democratica, in cui il voto può servire a tenere calde le tifoserie più accese, a litigare e magari incanaglirsi con l'*identity politics*, ma con la riserva mentale che poi le decisioni nevralgiche vengano prese «al riparo» dalla democrazia, dal consenso, dal coinvolgimento popolare. Si tratta di una deriva pericolosa e da arginare: certo, la politica tradizionale ci ha messo del suo, autodelegittimandosi attraverso un personale spesso inadeguato, una litigiosità a volte puerile, un'inadeguatezza perfino fastidiosa. Ma nessuno – nel Regno Unito o negli Usa – si sognerebbe mai, dopo una scadenza elettorale, di mettere da parte il partito vincitore per affidarsi a un «tecnico», a un «demiurgo esterno» non votato da nessuno.

Ci tornerò nell'appendice conclusiva che troverete in fondo a questo libro. Non occorre un indovino per comprendere che una personalità come Draghi, dopo aver realizzato l'esperimento di una surroga di questo tipo in Italia, abbia forse cullato l'illusione di poterla realizzare pure a livello europeo, bypassando in un colpo solo elettori-partiti-governi. Con il rispetto che si deve all'ex presidente della Bce, si tratta di un metodo che considero rischioso e scarsamente condivisibile.

E – questo è il modesto suggerimento che vorrei sottoporre ai tifosi di un simile commissariamento – come si fa a non comprendere che un popolo a lungo inascoltato, o al quale si dia la sensazione di considerarlo – altro che sovrano... – nella migliore delle ipotesi un campione sondaggistico, poi a un certo punto possa «vendicarsi»? Come fanno – mi chiedo – i sostenitori di questa tesi a non sentire l'atmosfera che circonda ad esempio gli interventi e i *rallies* di Donald Trump? Qualunque cosa (buona o meno buona) pensiate di lui, provate a seguire un suo comizio, con la raccomandazione di concentrarvi nell'osservazione del suo pubblico più ancora che in quella del protagonista. Scoprirete che Trump è – per paradosso – molto più moderato dei suoi sostenitori. I quali sono letteralmente incazzati-imbufaliti-scatenati non solo contro gli avversari, ma verso tutto ciò che a loro appaia parte di un vecchio *establishment*, o comunque contro quello che gli sembri lontano da loro, dalla loro sensibilità e *forma mentis*, da ciò che a torto o a ragione paia loro estraneo al controllo e alla decisione popolare. Guardate le magliette che indossano: «Trump vs everybody», cioè «Trump contro tutti», oppure «We're pissed off», cioè «siamo incazzati», «siamo stufi».

Ecco, gli Usa sono molto diversi dall'Europa: ma solo chi è molto distratto o poco collegato con la realtà può pensare di anestetizzare-sterilizzare-neutralizzare questi sentimenti attraverso un'escogitazione tecnica, attraverso un demiurgo calato dall'alto, attraverso interventi di microchirurgia da svolgere su un paziente addormentato e immobilizzato. La democrazia non funziona così: perché il «paziente» (che tra l'altro, secondo le nostre celebratissime costituzioni, sarebbe «sovrano») a un certo punto si sveglia, si ribella, e usa quel che trova come strumento per farsi giustizia sommaria.

Pensate – torno all'estate scorsa – al modo in cui un'Ue già gravemente ferita ha subìto un'ulteriore perdita di credibilità a causa degli eurolirici, mica degli eurocritici. Sono stati infatti i mandarini di Parigi-Berlino-Bruxelles, politicamente sconfitti alle elezioni europee dell'8-9 giugno, a blindarsi ancora una volta, facendo leva su una ridimensionata maggioranza aritmetica all'Europarlamento. Alle Europee di giugno, come si ricorderà, pur confermandosi nei 27 Paesi un qualche margine numerico a favore dei tre partiti della vecchia maggioranza (popolari, socialisti, macronisti), i cittadini di Germania, Italia e Francia avevano comunque chiaramente indicato una sterzata a destra: in Italia con un forte successo di Giorgia Meloni, mentre a Parigi e Berlino con i partiti di governo addirittura doppiati dalle principali forze di opposizione di destra e centrodestra.

Era un fatto politico significativo del quale tenere conto. E invece no. I perdenti di quella partita – oggi più deboli di ieri, e domani realisticamente destinati a essere ancora più deboli di oggi – hanno preteso di prendersi tutto, schiaffeggiando gli elettori. Si dirà: l'aritmetica, intesa come conta dei seggi all'Europarlamento, poteva autorizzare l'operazione. Vero: ma far finta che in Germania, Francia e Italia non fosse successo nulla è stato letteralmente demenziale.

La «logica» è stata: non disturbate il conducente. Anzi, non disturbate il conducente che a sua volta ha già inserito il pilota automatico. E infatti ci ritroviamo oggi con la stessa presidente del Parlamento europeo, la stessa presidente della Commissione, la stessa formula politica (popolari, più socialisti, più macronisti) a gestire cariche e incarichi, lo stesso programma (con la catastrofica parte *green* che era stata attutita in prima battuta ma che, come vedremo, è stata potentemente rilanciata in estate per guadagnare la «stampella» degli europarlamentari verdi). E l'unica «novità» (si fa per dire) è stata la candidatura di un vecchio arnese socialista alla guida del Consiglio europeo.

Anzi no: un'ulteriore «innovazione» c'è stata, sempre in senso negativo, come accennavo. Dopo aver trascorso gli ultimi due anni della vecchia legislatura europea (sia pure poco, male, in ritardo e a questo punto possiamo concludere: senza crederci e senza volerlo davvero) a tentare di ridimensionare e transennare i devastanti effetti del «pacchetto Timmermans», o comunque dopo aver raccontato agli elettori europei che per qualche anno si era esagerato con il gretinismo e che no, questo errore non sarebbe assolutamente stato commesso di nuovo, che ha fatto invece, al momento decisivo, la presidente uscente (e rientrante) della Commissione Ue Ursula von der Leyen?

Con la stessa faccia e la stessa acconciatura di sempre, nel suo discorso di insediamento della nuova legislatura europea, è tornata alla casella di partenza senza fare un plissé e ha rilanciato pari pari il medesimo Green Deal con le sue assurde scadenze e gli inevitabili effetti di desertificazione industriale, di attacco ai posti di lavoro, di depauperamento del patrimonio delle famiglie e delle imprese europee. Sintetizzando: sbagliare è umano, perseverare è Ursula.

Tra l'altro, la maggioranza ottenuta dalla von der Leyen (401 voti) rende determinanti i voti dei verdi, i quali hanno immediatamente rivendicato il loro ruolo decisivo, autodefinendosi «quarta forza della maggioranza» e hanno addirittura minacciato – purtroppo credibilmente – di voler ottenere ancora di più attraverso la loro crociata ecointegralista. Ovviamente a spese dei contribuenti, delle imprese, dei lavoratori e dei proprietari di case dei 27 Paesi europei.

È stato saggio, da parte degli euromandarini, agire seguendo questo istinto da bunker? Direi di no. E l'impressione – a posteriori – è che resti più che mai fragile, rispetto agli elettori, il castello di carte costruito in fretta e furia prima del voto di conferma per la von der Leyen avvenuto all'Europarlamento il 18 luglio scorso. Ce l'hanno fatta in qualche modo (e abbiamo visto a che prezzo); hanno evitato la Waterloo di essere trafitti da eventuali divisioni interne e franchi tiratori; ma resta la sensazione di una palpabile prova di debolezza.

Si è dunque puntato a realizzare una surroga simil-commissariale pure a livello europeo, stavolta senza ricorrere ai tecnici e puntando su figure politiche, ma comunque bypassando e tradendo la sostanza delle indicazioni venute degli elettori: il «pilota automatico», appunto.

Come mi è già capitato di scrivere, troppi in Ue non hanno ancora compreso la grande lezione della Roma antica racchiusa nella formula Spqr, con la necessità del *senatus* e del *populus* di trovare un modo di coesistere e sorreggersi a vicenda. Guai certamente a un popolo che si dovesse trasformare in una plebe furiosa; ma guai – anche di più – a delle élites che dovessero presumere di poter fare a meno del popolo. È quello che gli euroilluminati (in realtà, eurosonnambuli) stanno continuando a fare.

* * *

Mutatis mutandis, una tattica analoga è stata usata in Francia per le elezioni legislative (a due turni) che Emmanuel Macron ha immediatamente convocato dopo il rovescio rimediato alle Europee.

Affidandoci a una proverbiale supersintesi, potremmo dire che l'operazione eseguita dal chirurgo Macron è perfettamente riuscita: peccato che il paziente (la democrazia francese) sia moribondo.

Per fermare i (presunti) fascisti di Marine Le Pen e Jordan Bardella, si è infatti decretato il trionfo politico dei comunisti, degli antisemiti e dei filoislamisti di Jean-Luc Melenchon, il quale – come prima reazione, neanche dieci minuti dopo la diffusione degli exit poll – ha invitato Macron a «chinare il capo», ha rifiutato qualunque negoziato con i macronisti, ha rivendicato il diritto di guidare il governo, e ha ribadito un programma che – qui in Italia – farebbe impallidire perfino le posizioni pro tasse e antimercato di Nicola Fratoianni e Ilaria Salis.

Mettiamola così. Era possibile contemporaneamente incendiare e paralizzare un Paese? Era saggio e democraticamente sano darsi come unico obiettivo politico quello di demonizzare selvaggiamente il nemico? Aveva senso che a fare tutto questo fosse il presidente della Repubblica? Era ragionevole inseguire questo obiettivo anche a costo di vanificare un assetto costituzionale che in Francia era stato concepito – molti decenni fa – proprio per assicurare la governabilità invece del caos?

La risposta che Emmanuel Macron ha dato a queste domande è stata quattro volte affermativa. Inutile girarci intorno: il caos e la paralisi che per una stagione non breve la Francia sarà costretta a sperimentare non sono il frutto di circostanze imprevedibili, di un'evenienza inattesa, ma rappresentano il preciso scopo cinicamente perseguito dall'inquilino dell'Eliseo, che d'ora in poi sarà bene chiamare il Grande Sfascista.

Per tentare di assicurarsi un minimo di futuro politico, il piromane Macron ha sacrificato tutto: la funzionalità del sistema, il suo stesso ex primo ministro Gabriel Attal (più popolare di lui, dunque forse a sua volta reputato un'insidia, nell'egocentrismo del capo), e probabilmente – in prospettiva – la tenuta economica del Paese, essendo Parigi gravata da un debito pubblico rilevantissimo. Rispetto a tutto questo, le proposte di Melenchon su pensioni, welfare e salario minimo, che sfascerebbero in poche settimane il bilancio pubblico, sono una specie di bomba a orologeria.

Nel frattempo, nelle more di questo disastro domestico, Macron, in combutta con il tedesco Scholz (a sua volta doppiato alle Europee dalle forze di opposizione), ha giocato la medesima carta a livello europeo, come abbiamo visto poc'anzi, forzando nei tempi e nella formula politica la partita per i nuovi organigrammi Ue. Troppo forte era per lui l'esigenza di tentare di marginalizzare Giorgia Meloni: la quale, vista dall'Eliseo, era ed è un incubo perché prefigurava la possibilità di una «melonizzazione» futura della Le Pen.

Tutto questo ha spinto Macron alla sua operazione spregiudicatissima. I più stolidi tra i macronisti italici – già dalla sera del ballottaggio francese – hanno iniziato a festeggiare per lo spariglio riuscito, per l'interdizione realizzata, per l'«onda nera» fermata.

Ma si tratta di un'esultanza miope, per non dire politicamente cieca. Si sono infatti manifestate tre potenti malattie, tutte da mettere sul conto di Macron. La prima: un autentico incendio sociale, con la rabbia e la violenza che hanno contrassegnato il dopo voto. Già la sera dei ballottaggi, le scene dei commercianti costretti a blindare le vetrine dei loro negozi davano il senso di una specie di guerra civile a bassa intensità, non di un'ordinaria conta elettorale.

Secondo: la vera e propria esplosione dell'estrema sinistra che si è registrata nelle urne, con le altre componenti del Fronte popolare letteralmente cannibalizzate da Melenchon. Macron ha dunque scosso l'albero, ma la copiosa raccolta dei frutti l'hanno fatta i massimalisti di sinistra.

Terzo: a questo punto, essendo stato arrestato il cammino del Rassemblement national, sembra probabile che il duo Le Pen-Bardella finirà per indurire il proprio messaggio politico (a Parigi come a Bruxelles), l'opposto della «melonizzazione» evocata prima. Morale: c'è da attendersi – grazie a Macron – una radicalizzazione pure su quel versante. Semmai, ma questa è materia per riflessioni più distese, anche in Italia alcuni protagonisti della nostra destra farebbero bene a riflettere sul «modello Rassemblement national», rivelatosi ancora una volta facilmente battibile e soprattutto demonizzabile. Ed è stata saggia Giorgia Meloni, finora, a partire dalla politica estera, a battere strade tutt'affatto diverse.

E intanto, a Parigi, formare un governo si è rivelata un'impresa difficilissima: una maggioranza praticabile – nell'immediato dopo voto – non c'era e non si vedeva all'orizzonte. E, mentre consegno queste pagine all'editore, un nuovo governo non è stato ancora formato: l'inquilino dell'Eliseo è rimasto a lungo paralizzato dalle sabbie mobili che lui stesso ha pervicacemente voluto.

E allora, tornando a Macron e ai suoi, sta proprio qui il danno creato dagli alchimisti di palazzo, anzi dagli apprendisti stregoni. Come definirli? Hanno parlato e straparlato di «fascismo», ma non si sono accorti di essersi meritati loro stessi un'etichetta altrettanto squalificante: quella di «sfascisti», come accennavo poco fa.

La realtà è che il gioco di Macron (e delle élites a suo supporto) è stato fin troppo scoperto. La parola chiave è stata *diabolisation*, cioè «demonizzazione»: ovviamente della destra di Le Pen e Bardella. Rientrava in questa logica lo spariglio delle elezioni immediate decise dall'inquilino dell'Eliseo; e ancor più la formazione di un Fronte popolare che aveva al suo interno perfino componenti esplicitamente antisemite e ultra-immigrazioniste, deliberatamente volte a fare il pieno del voto islamista. E che combinava tutto questo con un programma di impressionante massimalismo di sinistra: più tasse, attacco alla proprietà privata, statalismo sfrenato.

Ma tutto è stato tenuto insieme dalla *diabolisation* del nemico: tale era il rischio «fascista» – raccontavano – che tutti gli altri dovevano unirsi.

Spostandoci da Parigi a Roma, lo schema rischia di essere presto il medesimo. La sinistra non ha una proposta costruttiva per vincere. Non si è nemmeno posta il problema di armonizzare linee confliggenti, al suo interno, tra atlantisti e antioccidentali, tra fautori e avversari delle grandi opere (per citare solo due linee di frattura tra le molte possibili). No, punta ad ammucchiare tutto l'ammucchiabile con il duplice obiettivo – pure qui – di demonizzare Meloni, di descrivere a tinte nere il premierato, l'autonomia regionale e la separazione delle carriere, e quindi appiccare il fuoco.

Non c'è alcuna *pars construens*, e meno che mai un'attività emendativa o di dialogo possibile su questa o quella riforma, da parte della nostra sinistra. Lo schema è rozzamente binario: il nemico è «fascista-razzista-xenofobo-autoritario». Cosa resta, dunque? Si canta *Bella ciao*, e si qualifica l'avversario come «*invasor*», come entità abusiva e ontologicamente inaccettabile, come anomalia da rimuovere. Ma rimuoverlo è impossibile (o almeno improbabile), visti i dati elettorali confortanti per Fdi-Lega-Fi. E allora resta la prospettiva dell'incendio permanente, dell'incidente continuo, dello sdegno come condizione perpetua.

Più in generale, è come se qualcosa unisse – purtroppo non nella libertà, non nella migliore tensione verso la democrazia – i mandarini delle sinistre occidentali, da Parigi a Washington, passando per la succursale di Roma. Si tratta di una radicale e quasi disperata sfiducia nel popolo, che tende a votare in direzione «sbagliata»: il che induce gli oligarchi progressisti a spericolate escogitazioni per bypassare la volontà popolare, per transennarla, perfino per intralciarla.

Con una doppia nemesi, un duplice clamoroso testacoda. Primo: proprio loro, che accusavano gli avversari di essere «imprenditori della paura», sono ora tutti protesi verso un sistematico «*project fear*», un progetto volto a spaventare la parte di opinione pubblica a loro più vicina. Così, l'eventuale vittoria degli avversari non è più uno dei due possibili esiti di una normale partita elettorale, ma viene invariabilmente descritta come l'anticamera dell'Apocalisse, la fine della democrazia, il prodromo di un'era oscura e minacciosa. Secondo: proprio loro, che amavano descriversi come le forze istituzionali per antonomasia, come i difensori dell'architettura costituzionale dei rispettivi Paesi, si sono trasformati – per disperazione – in campioni dell'ostruzione sistematica e della manomissione del campo di gioco per renderlo impraticabile. Ironizzavano sul bizzarro personaggio con le corna che il 6 gennaio 2021 guidò lo scombiccherato assalto al Campidoglio di Washington: ma loro, che invece indossano impeccabili camicie Brooks Brothers, non sono da meno. L'unica differenza è che il folkloristico vichingo forzava da fuori la porta delle istituzioni, mentre loro – barricati come sono – cercano di blindarla da dentro.

Come vuoi definire un presidente francese che si fa architetto del caos, ingegnere della paralisi istituzionale, come abbiamo appena visto? Spostiamoci a Washington, sul lato democratico. Pure lì, secondo i dem, bisogna smuovere mari e monti pur di evitare che il «demonio» Trump vinca. E allora, fino a giugno scorso, raccontavano che Biden (il «nonno buono» da contrapporre al «nonno cattivo») era lucido e pimpante. Dopo di che, quando quella finzione è diventata insostenibile (dopo il dibattito di fine giugno tra i due candidati: ci torneremo nel capitolo 6), hanno iniziato a cercare il modo per scaricarlo al più presto travolgendo anche le regole e le prassi del partito democratico stesso. Bene o male, infatti, Biden era il presidente uscente e aveva vinto le primarie del suo partito: ma a quel punto non serviva più e quindi andava liquidato, a qualunque costo. Del resto, tutto diventa possibile, se l'unico obiettivo è esorcizzare il demone arancione.

E la periferica succursale di Roma? Stessa storia. Nessuno pensa che un caravanserraglio dall'estrema sinistra ai centristi abbia qualcosa da condividere in positivo. Su tutti i temi decisivi (guerra e politica estera, tasse, welfare, grandi opere, ambiente) quei signori delle sinistre assortite (rosso antico, rosso, rosé, fucsia) litigherebbero selvaggiamente: ma l'unica cosa che conta è contrapporsi a Meloni, senza alcuna prospettiva «*construens*». Appunto, sono ingegneri della paralisi, architetti del caos.

* * *

Ecco perché sul banco degli imputati meritano di stare parti consistenti delle nostre élite, artefici e insieme *fans* di queste operazioni. Di più: si tratta in genere degli stessi soggetti che, sul palcoscenico internazionale, in odio al cosiddetto «populismo», non hanno remore nel tributare omaggi e inchini anche ai peggiori autocrati.

In epoca di memoria cortissima, ad esempio, vale la pena di tenere bene a mente cosa accadde a Davos nel 2017, quando l'*establishment* tecnoprogressista e tecnoliberal globale fu pressoché unanime nel riservare un'accoglienza trionfale al dittatore cinese Xi Jinping. Recuperate quelle foto, riguardate quei frammenti video: e rivedrete molti potenti occidentali (della politica e dell'economia) sbracciarsi in prima fila e spellarsi le mani per lasciare agli atti il proprio tributo a Xi come alternativa allo sgradito Trump.

Seguirono incredibili pezzi di quello che si potrebbe

chiamare l'Inviato Unico, il Corrispondente Collettivo, per suffragare la tesi secondo cui il più ragionevole tra i due – cioè tra il tiranno cinese e il presidente della nazione più importante del mondo libero – fosse il primo e non il secondo.

Ecco, alla vigilia di un possibile ritorno di Donald Trump sulla scena, a Davos – nei mesi scorsi – l'aria era forse meno tronfia e più mesta del solito. Eppure non sono mancati tre ingredienti notevoli: l'uno prevedibilissimo, ormai un classico; gli altri due a loro modo inediti ma non per questo meno inquietanti.

Il primo elemento, quello ormai rituale, è stata la presentazione del rapporto Oxfam sulle disuguaglianze. Il sottofondo è sempre lo stesso: se le differenze nel mondo aumentano, la colpa in fondo è dei Paesi ricchi, dell'Occidente, mentre tende regolarmente a rimanere in ombra o comunque in secondo piano il ruolo delle dittature, la corruzione nei Paesi in via di sviluppo. Insomma, la strada dell'autocolpevolizzazione dell'Occidente, dell'autofustigazione del nostro mondo, è sempre quella più battuta.

Il secondo elemento notevole emerge da uno studio – da un «*survey*», come si dice dalle parti di Davos – in cui i cosiddetti «specialisti di analisi dei rischi» del World Economic Forum hanno individuato i due fattori che nei prossimi due anni potrebbero condurre a una crisi globale. Di che si tratta? Della minaccia cinese? Del militarismo espansionista russo? Del terrorismo islamista? Del ruolo di avvelenamento del Medio Oriente svolto dall'Iran? No. Tenetevi forte: al primo posto ci sarebbe l'«*extreme weather*», cioè gli eventi meteo estremi, e al secondo posto la «*misinformation*» e la «*disinformation*», cioè la cattiva informazione e la disinformazione. E così nel primo caso si alimenta il tremendismo climatico come insuperabile giustificazione per le mitiche «transizioni» (anche travolgendo considerazioni economiche e occupazionali), mentre nel secondo si pongono le basi – in un anno elettorale in mezzo mondo – per squalificare preventivamente le scelte democratiche dei cittadini. Se dunque gli elettori «voteranno male», sarà stata colpa della disinformazione, di un qualche inganno populista, di un trucco trumpiano. Esagero? Temo di no.

Il terzo elemento da rimarcare è stata una discussione, con l'ineffabile Tedros Ghebreyesus, sul rischio di un oscuro «*Disease X*», insomma di una malattia misteriosa, di un futuro virus, di una pandemia prossima ventura. Anche un bambino capisce che diventerà dura accusare chicchessia di complottismo dinanzi a una prospettazione così inquietante e generica. A maggior ragione se l'officiante è lo stesso direttore dell'Oms (l'agenzia Onu specializzata per le questioni sanitarie) che uscì malissimo da tutta la vicenda Covid: per i suoi ritardi, per essersi schiacciato a lungo sulla versione di comodo di Pechino, per linee-guida discutibili e contestatissime, per il suo atteggiamento politicamente ambiguo e invariabilmente filocinese. Rileggere oggi le prime prese di posizione dell'Organizzazione, tra sottovalutazioni e mano costantemente tesa a Pechino, lungo tutto il mese di gennaio 2020, fa male al cuore.

Ecco, mettete insieme tutte queste cose, unite i puntini, e – alla fine della fiera – diventa surreale che la formula chiave dell'ultima edizione dell'evento di Davos sia stata «*rebuilding trust*». Anche qui nulla di nuovo: nel 2022 la parola d'ordine era stata «*restoring trust*», e nel 2021 si parlò di un «*crucial year to rebuild trust*». La domanda nasce spontanea: ma se questa fiducia è lesa, incrinata o addirittura svanita, e comunque da ricostruire, i signori di Davos e quell'*establishment* tecnoprogressista non hanno per caso un po' di autocritica da mettere all'ordine del giorno?

2

Terza guerra mondiale: perché è già stata dichiarata, e come mai rischiamo di non vincerla

Non so se – sia pure in forme disarticolate e inedite – sia già in corso una nuova Grande Guerra, una sorta di Terza guerra mondiale. Di sicuro, in diversi quadranti, sono in pieno svolgimento conflitti aspri e dall'esito incerto, tutti in grado di produrre molto sangue in quei teatri e molta incertezza nel resto del mondo. E questi conflitti vanno collocati dentro una ben precisa cornice: il tentativo di alcune autocrazie di riscrivere a proprio favore l'equilibrio e l'ordine globale scaturiti dalla Seconda guerra mondiale.

Intendiamoci: molte cose dividono Pechino, Teheran e Mosca. Esistono faglie che un'iniziativa occidentale intelligente e determinata potrebbe aprire o allargare in quel fronte, evitandone una definitiva saldatura. Ma prevale un oggettivo interesse convergente, e soprattutto un nemico che Cina, Iran e Russia hanno in comune: e cioè noi, l'Occidente stesso. Un Occidente per tanti versi sfibrato, flaccido, impreparato agli scenari peggiori, non in grado di sostenere presso la sua stessa opinione pubblica l'esigenza di una difesa da irrobustire e su cui potenziare gli investimenti.

Inutile girarci intorno. Quando il «guardiano» è debole – e per giunta appare tale – i «cattivi» del mondo sentono che il momento è favorevole per loro. Joe Biden trasmette visivamente una sensazione di fragilità psicofisica: e la sua politica lascia trasparire la medesima impressione. Questa carenza di leadership statunitense è il detonatore e insieme l'acceleratore della crisi a cui stiamo assistendo.

È un fatto che molto probabilmente siano state proprio le modalità umilianti e precipitose della fuga occidentale dall'Afghanistan, a Ferragosto del 2021, a incoraggiare Vladimir Putin, mesi dopo, a tentare l'avventura in Ucraina. Ancora: è assai probabile (altro errore drammatico) che l'attuale amministrazione Usa si sia illusa di potersela cavare rispetto a Kiev facendo il minimo indispensabile, cioè troppo poco, in termini di aiuto agli ucraini. Contestualmente Pechino, pur assistendo a una sua crescita economica inferiore alle aspettative, non fa nulla per nascondere la sua ambizione egemonica di medio periodo, e – di tanto in tanto – lascia a verbale sortite e provocazioni contro Taiwan. Né si può trascurare Teheran: che per un verso ha continuato a reprimere con ferocia disumana il dissenso interno e le manifestazioni dei giovani iraniani per la libertà; per altro verso sostiene e mobilita i suoi *proxies* del terrore, da Hamas a Hezbollah passando per gli Houthi; e per altro verso ancora – come ben sappiamo – è passato la primavera scorsa a un attacco diretto ed esplicito contro Israele, senza nemmeno il paravento di «intermediari».

È impietoso dirlo: ma nel quadriennio bideniano (quello in cui – ci si raccontava – «gli adulti erano tornati alla Casa Bianca»), ognuno di questi soggetti – autocrazie e organizzazioni del terrore – ha preso fiducia, guadagnato terreno, scatenato offensive. In un clamoroso capovolgimento dei ruoli, sono stati loro ad aver praticato la deterrenza verso di noi, non il contrario: sono cioè stati loro a usare la forza come monito, come avvertimento, come messa in guardia. Con una risposta occidentale di volta in volta limitata, tardiva, intimidita. E nel prossimo capitolo ci occuperemo esattamente di questo tema decisivo: la deterrenza.

Ma intanto provate a unire i puntini, come nei vecchi giochi di enigmistica: infatti la scorsa primavera – e non si è certo trattato di una casualità – sono venuti da quei soggetti autoritari alcuni segnali di scoperta tracotanza, e contemporaneamente sono giunti da Washington e dall'Ue altrettanti segnali di cedimento.

Sul versante mediorientale, la pressione di Biden-Onu-Ue non è stata esercitata tanto contro Hamas né a favore del rilascio degli ostaggi israeliani sequestrati il 7 ottobre 2023, ma è stata tutta rivolta verso Gerusalemme affinché l'esercito di Israele rinunciasse o attenuasse l'offensiva su Gaza.

Ancora, cambiando teatro: è ormai indiscutibile la ritirata ucraina da molta parte del territorio conteso, dove adesso sventolano bandiere russe, con Mosca che ha messo a segno non pochi punti sia militari che simbolici.

E infine: è sempre all'inizio del 2024 che è arrivata la notizia della morte di Aleksej Navalny, rispetto alla quale c'è poco da discutere (non dispiaccia ai numerosi e a volte insospettabili membri del *fan club* italiano di Vladimir Putin). Perfino indipendentemente dalla materiale dinamica del decesso (lo stesso *Wall Street Journal*, mesi dopo, citando stralci di un report dei servizi Usa, ha escluso un ordine di omicidio esplicito e diretto da parte del Cremlino), la sola decisione di spedirlo in una prigione nell'Artico russo, tra gelo, condizioni disumane, isolamento, mancate cure, cibo scarso, era comunque oggettivamente volta all'eliminazione o alla messa fuori gioco di un personaggio ancora scomodo per il regime di Mosca.

Abbiamo letto qua e là – tragicomicamente – interrogativi sul «*cui prodest*» di quella morte. Per carità, può esser vero che vi sia stato un eccesso di zelo da parte di qualcuno negli apparati russi, ed è senz'altro vero che, per qualche giorno, la vicenda abbia causato al Cremlino una certa dose di freddezza da parte delle cancellerie occidentali. Ma – comunque siano materialmente andate le cose – è complessivamente prevalsa la sensazione di una prova di forza dell'autocrazia russa, altro che debolezza. Appaiono lontanissimi i giorni in cui il regime putiniano sembrava vacillare (si pensi alla marcia della Brigata Wagner di Evgeny Prigozhin fermata, dopo un'opaca trattativa, a duecento chilometri da Mosca). Da allora, Prigozhin è stato eliminato, e ora non c'è più nemmeno Navalny, che, con le sue iniziative anticorruzione, avrebbe potuto increspare le acque della cosiddetta «campagna elettorale» che invece ha regolarmente portato Putin all'ennesimo trionfo.

Il messaggio arrivato da Mosca è stato: possiamo permetterci di pagare un ulteriore costo reputazionale e dimostrare che Putin è saldamente al comando, totalmente *in charge of the situation*. Siamo addirittura in grado di forzare la sua stessa mano, facendogli un «favore» nemmeno esplicitamente richiesto in quei termini, magari. E contemporaneamente possiamo anche concederci il lusso di operazioni-simpatia come quelle realizzate con il contributo più o meno consapevole di Tucker Carlson, il giornalista Usa che mesi fa ha intervistato Putin offrendogli non pochi assist.

Sommando tutti questi elementi – cioè, una volta uniti i puntini, come si suggeriva prima – è fin troppo facile trarre una conclusione politica. Questa «grande guerra» forse non ha ancora un vincitore, nel senso che fortunatamente per il momento le autocrazie non sono riuscite a prevalere: ma non stiamo vincendo nemmeno noi, anzi stiamo decisamente perdendo terreno. È come se fossimo in presenza di un nuovo «Afghanistan» accettato da tutti (non solo da Biden), e cioè una complessiva smobilitazione moralmente già avvenuta e materialmente in procinto di concretizzarsi che finirebbe per sancire una sostanziale vittoria russa in Ucraina, per far salvare la pelle ai capi di Hamas ancora vivi, per consentire all'Iran di continuare a tessere la sua tela, e per permettere a Pechino di tempificare e dettagliare la sua strategia di ascesa.

Tutto questo significa consegnare al mondo un solo messaggio: che l'Occidente è disposto a mettere in discussione l'intero ordine post 1945. Le democrazie occidentali sono dunque chiamate a una scossa, hanno il dovere di non rassegnarsi, di ritrovare l'orgoglio per i valori che dovrebbero animarle, e al tempo stesso (realisticamente) di guardare negli occhi una realtà cupa, la malattia che ci ha colpito. Da Washington alla Nato, passando per le nostre capitali, qualcuno mostrerà di aver presente il livello della posta in gioco?

La realtà è che gli altri – usiamo la parola «proibita»: i nostri *nemici* – si stanno preparando, sono almeno psicologicamente pronti alla guerra, a un confronto decisivo. Come si diceva poc'anzi, il più potente dei nostri avversari, la Cina, lo fa con un respiro e un progetto di medio termine; la Russia con una tecnica – cara a Putin – da pokerista, tra bluff e rilanci; l'Iran provvede un po' in proprio e un po' con la sua rete di *troublemakers* regionali (Hamas, Hezbollah, Houthi eccetera). Ma comunque sono preparati o si stanno preparando: anche a sopportare i costi, in ogni senso, del conflitto.

Noi no, invece: un po' per il racconto irenico e autocolpevolizzante in cui siamo immersi, un po' perché siamo del tutto indisponibili ai costi umani-psicologici-sociali-economici di un confronto (non oso dire di un conflitto), un po' perché – e questa è l'illusione più atroce – siamo convinti di avere davanti un orizzonte temporale indefinito per «gestire», «appianare», «smussare». Abbiamo rimosso dalla nostra mente l'idea che il nemico esista e voglia batterci o farci male.

Sarebbe istruttivo – per leader ed elettori, oltre che per presunti «esperti» e «analisti» – rileggere, anche solo per sommi capi, la storia delle Guerre puniche, e il livello di paura e di sofferenza con cui Roma dovette misurarsi prima della vittoria su Cartagine che la consacrò come indiscussa potenza del Mediterraneo. Quanto timore, quante sconfitte parziali, quale livello di rischio esistenziale, quali perdite, quale fatica nel ricostruire alleanze oltre che nel concepire una riscossa militare e politica, fino al trionfo.

In questo nostro 2024, la stessa comprensione profonda di quella pagina storica appare preclusa ai nostri cuori e alle nostre menti. Oggi diamo per scontato che tutto continui (e continuerà) a procedere nel modo più sereno e favorevole per noi e le nostre nazioni occidentali.

Di più: sui nostri media, nelle nostre opinioni pubbliche, tutto ruota intorno all'antinomia guerra/pace, come se il futuro dipendesse esclusivamente da noi e se gli altri attori non svolgessero alcun ruolo. Contemporaneamente, è scomparsa dai radar l'altra antinomia libertà/oppressione, e anzi appare perfino stravagante chi, nella discussione, osi porre al centro quei valori che pure – pomposamente – siamo soliti ricordare nei giorni di festa. Siamo addirittura giunti a una specie di rovesciamento psicologico: chi è il pericolo? Un dittatore sanguinario, un regime, un gruppo terroristico? No: queste realtà tendiamo a non volerle vedere. Il pericolo – in un gioco di specchi deformanti, e mi scuso per la ripetizione e l'intreccio – si incarna in chiunque segnali il pericolo medesimo: nel senso che, come una novella Cassandra, rischierà di non essere creduto, o peggio verrà descritto come un guerrafondaio nemico della pace.

Diversi anni fa, Filippo La Porta, evocando versi celeberrimi di Pier Paolo Pasolini, coniò l'immagine di una sorta di «Valle Giulia globale». Ecco, siamo proprio lì: è come se lo stesso disprezzo per i poliziotti allora manifestato dagli studenti sessantottini si fosse trasmesso oggi, da parte dei «benpensanti» attuali, verso i soldati occidentali, verso i nostri eserciti, verso chi è chiamato a difendere nel mondo le ragioni della libertà.

E allora come si fa a evitare il peggio? E per altro verso quale sarebbe il peggio – oggi – per l'Occidente complessivamente inteso? Sintetizzerei così: mollare l'Ucraina e contemporaneamente mollare anche Israele.

Intendiamoci bene: dal punto di vista strettamente militare, stiamo parlando di due situazioni opposte e non comparabili. Infatti, in termini di armi e risorse, per sua sfortuna (benché senza colpa), Kiev ha ancora bisogno di tutto per conquistare una «pace buona», cioè a condizioni decenti e ragionevoli, evitando l'umiliazione di vedere totalmente premiata l'aggressione russa. Anche perché fummo proprio noi occidentali a far disarmare e denuclearizzare gli ucraini (accordo di Budapest del 1994): Kiev si fidò, in particolare credette alle assicurazioni di Mosca e di tutti i firmatari sull'integrità territoriale ucraina, e oggi sappiamo quanto male sia stata riposta quella fiducia.

Dopo di che, ormai è chiaro che la tattica della (claudicante) guida Biden è stata quasi fallimentare: ha puntato sulle sanzioni che – di tutta evidenza – non hanno affatto messo in ginocchio Mosca; non ha mai posto gli ucraini nelle condizioni di poter vincere davvero, e semmai li ha fatti salire sul ring con un braccio legato dietro la schiena; non ha colto l'occasione della prima vera *impasse* di Mosca (quando i russi, nella prima fase della guerra, furono clamorosamente respinti da Kiev) per trattare a condizioni favorevoli. Intendiamoci: a primavera '24 la propaganda filorussa ha cercato retrospettivamente (cioè rispetto alla situazione di marzo '22) di accreditare la tesi di un Occidente non desideroso di alcuna intesa, in particolare – secondo questa versione – per volontà tetragona dell'allora premier britannico Boris Johnson. Questo racconto di comodo omette tuttavia un «dettaglio» tutt'altro che marginale, e cioè che Mosca pretendeva una sorta di inaccettabile diritto alla riaggressione dell'Ucraina (sotto forma di un potere di veto russo all'intervento di «Paesi garanti» in caso di eventuale ulteriore attacco contro Kiev). Detto e ribadito perciò che la falsificazione russa va respinta, rimane il fatto che in quel momento (e anche in altre successive fasi) le nostre capitali potevano e dovevano fare di più. Non si doveva (allora) e non si può (ora) dare all'opinione pubblica internazionale la prospettiva di una guerra infinita e addirittura indefinita. In questo – come vedremo – Donald Trump ha sempre avuto ragione per un verso nel sostenere che, con lui presidente, molto probabilmente l'invasione russa non ci sarebbe mai stata, e per l'altro verso nel sollecitare la ricerca di una qualche via d'uscita (auspicabilmente, un'*exit strategy* ragionevole e non troppo vantaggiosa per gli aggressori). Del resto sono i fatti a dare inoppugnabilmente ragione a Trump: Putin ha invaso la Crimea durante la presidenza Obama e ha invaso l'Ucraina durante la presidenza Biden, mentre durante il quadriennio Trump Mosca non ha mosso un solo carro armato.

E invece, in epoca bideniana, da parte occidentale si è assistito a uno spettacolare mix di proclami altisonanti quanto velleitari e di una ben visibile debolezza di fondo. C'è stata una scena abbastanza eloquente, in questo senso, nella scorsa primavera, quando il segretario di Stato Usa Antony Blinken, in visita a Kiev, si è infilato in un pub, e, unendosi a una band locale, ha iniziato a suonare *Rockin' in the Free World* di Neil Young. Al di qua e al di là dell'Atlantico, alcuni commentatori sono rimasti estasiati per questa *performance*: ma qualunque osservatore minimamente lucido non poteva non constatare la spaventosa distanza tra un'esibizione di valori tutta retorica e una sostanza fatta di aiuti centellinati, tardivi, inadeguati.

Ben diversa è la situazione di Gerusalemme che, per sua antica forza e merito, non ha bisogno di granché da un punto di vista strettamente militare, nel senso che può autonomamente difendersi dal terrore di Hamas e dagli altri nemici regionali, ottenendo una netta prevalenza militare anche senza chissà quale sostegno internazionale.

Ma sia gli ucraini sia gli israeliani hanno assoluto bisogno di supporto politico, morale e mediatico. Beni rari e preziosi, importanti come e più delle armi in sé.

Sull'Ucraina l'inerzia Usa (purtroppo bipartisan) è ormai sempre più evidente. Di più: l'Ucraina ha la drammatica necessità di uscire dalla guerra non solo ottenendo l'intesa meno peggiore possibile in termini territoriali, ma con l'offerta di almeno uno dei due percorsi astrattamente immaginabili (in primo luogo l'adesione all'Ue e, in secondo luogo, a operazioni militari concluse, l'eventuale apertura dell'ombrello Nato). Le stesse rinunce territoriali che si renderanno inevitabili, visto ciò che i russi hanno conquistato sul campo, possono essere accettate e accettabili, per l'opinione pubblica ucraina, solo se sapremo offrire una prospettiva minimamente credibile e accattivante.

A onor del vero, l'ultimo vertice Nato, la scorsa estate, ha evocato un percorso (definito enfaticamente «irreversibile») che potrebbe portare Kiev nell'Alleanza, ma non ha indicato date né offerto certezze assolute. Gli ottimisti diranno: a guerra ancora aperta, per evidenti ragioni, la

Nato non poteva spalancare le proprie porte (pena il suo inevitabile coinvolgimento diretto nel conflitto). Ma i pessimisti (ai quali purtroppo mi iscrivo) obietteranno che ancora una volta ci si è limitati a dichiarazioni retoriche prive di ricadute concrete. E, proprio mentre andava in scena questa rappresentazione, con una scelta di tempo che dice tutto, Putin, al quale i suoi ventriloqui occidentali prestano un'assai discutibile volontà di pace, ha deciso di scatenare un'ennesima offensiva esplicitamente rivolta contro obiettivi civili, incluso – il che avrebbe dovuto suscitare unanime orrore – un ospedale pediatrico ucraino. E invece, perfino in quel caso, è iniziato l'indegno teatrino dell'offuscamento delle verità. Abbiamo dovuto leggere quotidiani e ascoltare commentatori che non sono riusciti a condannare nemmeno quell'atrocità russa, e si sono limitati a registrare freddamente un rimpallo di responsabilità; e abbiamo assistito al solito circo di avvelenatori *online*, *bot* e *troll*, impegnati a mistificare e accreditare versioni false e di comodo, guarda caso sempre a favore di Mosca. E così alcuni non si sono vergognati di alimentare questo genere di giochetti nemmeno sulla pelle dei bimbi ucraini malati e bombardati da Mosca. E che tutto questo sia avvenuto – significativamente – proprio mentre si apriva il vertice Nato rende bene l'idea della situazione: di qua, stiamo ancora a elencare le mitiche «riforme» che Kiev dovrà realizzare per sperare forse di essere ammessa; di là, si vedono le faglie, le insicurezze, le divisioni nel nostro campo, e le si sfruttano fino all'ultimo istante utile.

Quanto a Israele, i mesi passati sono stati assai poco incoraggianti: anche lasciando da parte le scatenate e quasi provocatorie posizioni anti Gerusalemme dell'ineffabile guida della politica estera Ue Josep Borrell, ovunque (Europa, Onu, Usa) e lungo tutto questo 2024, è cresciuto il volume degli slogan a favore del «cessate il fuoco», con Joe Biden in persona, palesemente non più in grado di controllare l'ala sinistra del suo partito, che è ripetutamente giunto ad ammonire Israele sulla «perdita di sostegno internazionale».

Dunque, secondo questa scuola di pensiero largamente maggioritaria, Israele doveva fermarsi, mentre Hamas non è mai stata fatta oggetto di richieste altrettanto pressanti di smettere di lanciare razzi e soprattutto di restituire gli ostaggi israeliani alla libertà e alle loro famiglie. Capite che, in una logica simile, il dibattito internazionale si è oggettivamente trasformato in un assist a favore di Hamas e del terrorismo islamista.

Ma ancora più grave – sempre dal punto di vista occidentale – è il fatto che troppi sembrino ancora non comprendere quale sia la posta in gioco complessiva, ben al di là di un lembo di terra ucraina o della durata e dell'estensione delle operazioni militari israeliane.

In gioco ci sono almeno tre elementi letteralmente decisivi, direi esistenziali. Primo: il messaggio, se non di resa, quanto meno di accondiscendenza che si consegnerebbe alle potenze autoritarie (Pechino, Mosca, Teheran). È come se dicessimo loro: ci siamo dimenticati cosa sia la «deterrenza», cosa sia una supremazia militare occidentale così chiara da non poter nemmeno essere sfidata, e in ultima analisi siamo disposti a rimettere in discussione, più o meno a pezzi, l'intero ordine globale post 1945.

Secondo: il messaggio di abbandono che, neanche troppo subliminalmente, verrebbe consegnato alle prossime vittime, ai prossimi aggrediti (Taiwan?), tutti potenzialmente sacrificabili, o se volete – più ipocritamente – tutti difendibili ma solo fino a un certo punto.

Ma l'elemento ancora più grave sarebbe il terzo: rifiutarci di vedere che, nei prossimi cinque-dieci anni, in diversi teatri (Est Europa, Mediterraneo e Africa in primo luogo, e ovunque per il controllo delle materie prime), avremo a che fare con numerose nuove tensioni, più o meno direttamente orchestrate-provocate-sfruttate dalle potenze autoritarie. Che si fa sin da ora? Ci si rifugia nella negazione nel problema, come se la *denial strategy* impedisse alle cose di accadere? Simili agli struzzi, infiliamo la testa nella sabbia per non vedere? Sventoliamo preventivamente bandiere della pace? Ci rifugiamo in una visione irenica e irenistica delle cose che è ormai scopertamente contraddetta dalla realtà? Oppure recuperiamo – a partire dalla deterrenza – la cassetta degli attrezzi che ci consentì di prevalere nella Guerra Fredda?

Una che se ne intendeva, la signora Thatcher, ebbe a dire nel 1988 che «il nostro modo di vivere, la nostra visione e tutto ciò che speriamo di raggiungere sono garantiti non dalla giustezza della nostra causa ma dalla forza della nostra difesa». Come spesso le capitava, aveva ragione. Naturalmente pochi la applaudirono, meno ancora la compresero. Siamo ancora lì.

3

Il nemico esiste ed è lui a usare l'arma decisiva della deterrenza contro di noi. Come e perché dobbiamo invece utilizzarla noi

La *conventional wisdom*, purtroppo più senso comune che reale buon senso, rischia di portarci fuori strada. Cosa ci suggeriscono infatti – credendo di essere, appunto, saggi – politici, commentatori, analisti? Chi più chi meno, si travestono da gran colombe e invocano ovunque, come una medicina buona per tutte le malattie, il mix di «pace e *de-escalation*».

C'è solo un piccolo problema che costoro, nella loro ingenuità (o peggio), tendono a dimenticare: che in genere le loro giaculatorie, le loro preghierine, i loro esorcismi, sono sistematicamente rivolti verso coloro su cui possono esercitare un'influenza, e cioè le forze occidentali, o comunque il soggetto più vicino in una contesa o in una controversia internazionale. Mentre – per evidenti ragioni – il soggetto lontano, l'autocrazia, la dittatura, o non sentirà affatto queste prediche o farà in modo di non sentirle, non avendo costi reputazionali da sopportare né un'opinione pubblica interna a cui rispondere che possa punirlo o penalizzarlo. Anzi, se contemporaneamente si crea una campagna internazionale volta a fermare-disarmare-rallentare la controparte, si tratta perfino di un regalo insperato.

E allora, dal nostro punto di vista, come dobbiamo sottrarci a questa pericolosa melassa? Non si tratta – questo sarebbe sbagliato anche dal punto di vista della comunicazione, ovviamente – di vestire stolidi panni bellicisti. Solo dei matti, degli esaltati, possono gridare: «Guerra! Dateci un conflitto!» La cosa sarebbe non solo lunare per evidenti ragioni, ma si risolverebbe in un clamoroso naufragio comunicativo: finiremmo per trasformarci nella caricatura più comoda e gradita per gli avversari, i furbissimi colomboni pacifisti.

Il punto – semmai – è quello di farci forti dell'arma che ha consentito all'Occidente di vincere la Guerra Fredda: si chiama *deterrenza*. Cosa sia lo sappiamo un po' tutti: il guaio è che, in un clamoroso *reversal of the roles*, oggi sono le autocrazie a praticarla verso di noi, mostrando di aver compreso la lezione che portò al crollo dell'Urss e alla caduta del Muro di Berlino. Ad averla dimenticata – purtroppo – siamo proprio noi, i vincitori di quella partita storica.

Di che si tratta? Semplice: di disporre di un apparato difensivo clamorosamente-evidentemente-visibilmente più forte, che di per sé scoraggi in ogni teatro i «cattivi del mondo». Si tratta di avere le armi proprio per non dover fare la guerra, di «usarle senza usarle», di farle funzionare senza sparare un colpo ma – appunto – come deterrente rispetto a qualunque portatore di minacce.

Una scelta del genere, tuttavia, richiede un autentico impegno nel perseguirla: significa difenderla preventivamente presso l'opinione pubblica, investire adeguatamente nella difesa (senza contare solo sulle risorse altrui), costruire e mantenere alleanze larghe e insieme coese. E soprattutto significa avere ben chiara la cornice geopolitica di riferimento: cioè la Nato, con una salda collocazione del Paese (nel nostro caso, l'Italia) nell'Alleanza atlantica, e un impegno anche militare europeo (ci verremo più avanti) che non deve divergere né risolversi in un posizionamento ambiguamente «terzo» rispetto alla Nato stessa.

L'alternativa a tutto questo si chiama *appeasement* (altra parola decisiva, ma negativa). È l'opposto della linea della deterrenza: se quest'ultima implica infatti una postura assertiva e robusta nei confronti dei nemici della libertà, l'*appeasement* tende invece a venire incontro alle loro richieste e desideri, nella speranza – che la storia si è più volte incaricata di mostrare nella sua dimensione totalmente illusoria – di tenerli buoni, di ammansirli, di «gestirli». Ma non si vede per quale ragione debba mai fermarsi un ricattatore che cominci a constatare l'efficacia delle sue minacce e richieste.

E qui – inutile girarci intorno – si arriva al nodo più intricato da sciogliere: il rapporto con l'opinione pubblica. Ad esempio, per tutto il 2024, sono continuati a circolare sondaggi che attestavano una notevolissima preoccupazione degli italiani per la guerra in Medio Oriente: e questo era ed è perfettamente logico e comprensibile. Quello che invece si capisce poco (e si può giustificare ancora meno) è una certa difficoltà, testimoniata da quelle stesse rilevazioni, nel distinguere tra Israele e Hamas, come se si potesse far confusione tra l'unica democrazia di quell'area e un gruppo di tagliagole.

Il problema si pone soprattutto a sinistra. È francamente surreale che i media di quell'area continuino a sfornare pagine su un antisemitismo di destra ormai pressoché inesistente (con l'eccezione che vedremo tra poco), laddove invece l'elefante nella stanza è rappresentato da un antisemitismo di sinistra che dilaga tra gli intellettuali progressisti, nelle piazze progressiste, nei salotti progressisti. Lo abbiamo già scritto: da quelle parti, non c'è il coraggio di chiamare le cose con il loro nome. Ci sarà oggi qualcuno (in altra circostanza accadde, molti decenni fa, a proposito di terrorismo e Brigate Rosse, da parte di Rossana Rossanda sul *Manifesto*) che avrà il coraggio di riconoscere che tutto ciò fa parte dell'«album di famiglia» della sinistra?

Naturalmente, invece, il «caso» è scoppiato sul lato destro. E quanti – per mesi – non avevano fatto un plissé nel convivere con la lebbra antisemita a casa propria, sono subito esplosi di indignazione quando un episodio – sgradevolissimo e inaccettabile, sia chiaro – si è manifestato a casa d'altri. Mi riferisco alle stupide – e in qualche caso infami – scene che abbiamo visto la scorsa primavera nelle due puntate dell'inchiesta di Fanpage realizzata attraverso «infiltrati» tra i giovani di Fdi. Risultato? Qualche ragazzo con il braccio teso, perfino qualche grido «*Sieg Heil*», oltre a indegne beffe e derisioni sugli ebrei.

Quel materiale audiovideo è stato acquisito con l'inganno, la furbizia, il sotterfugio, la slealtà giornalistica? Probabilmente sì. È stato montato in modo suggestivo? Quasi certamente. Riguarda realtà marginali, schegge laterali assolutamente non rappresentative della stragrande maggioranza dei giovani di destra? Ne sono certissimo, avendo partecipato a numerosi eventi e conferenze di Gioventù nazionale. Portando telecamere nascoste in qualche centro sociale o in organizzazioni di sinistra verrebbero fuori cose molto peggiori? Ci si può scommettere.

Ciononostante, quel che abbiamo visto e sentito nelle due puntate del montaggio di Fanpage è orrendo. Lo ripeto ancora: molto probabilmente riguarda pochissime unità, un pugno di fanatici e di cretini (in genere le due caratteristiche tendono a sommarsi). Ma quand'anche coinvolgesse soltanto una-tre-cinque-sette persone, non si tratterebbe comunque di episodi da sottovalutare.

Che fare, allora, a destra? A mio avviso, si tratta di cogliere l'occasione per prendere una decisione che sarebbe massimamente necessaria: aprire porte e finestre.

E aprirle nei due sensi. Da un lato, molto chiaramente, per cacciare i colpevoli. Cacciare vuol dire esattamente cacciare: espellere, estromettere, rendere visibile il fatto che chi agisce in questo modo (non importa se clandestinamente o meno) non possa avere cittadinanza nella nuova destra italiana, come Giorgia Meloni ha per l'ennesima volta limpidamente chiarito, in quella circostanza.

Dall'altro, occorre aprire le porte e le finestre per consentire che altre culture si aggiungano a quella che oggi – per suo merito e forza – è dominante a destra. Fermo restando che i militanti e i dirigenti di Fratelli d'Italia hanno tutti i motivi per essere assolutamente orgogliosi e fieri della propria storia, delle radici passate, della loro coerente traiettoria (personale e collettiva), adesso il loro compito – a mio avviso – non è quello di ricondurre a quella storia e a quelle radici anche i loro nuovi elettori di tradizione o estrazione diversa. Semmai, quei dirigenti hanno una meravigliosa occasione – che loro stessi hanno avuto il merito di costruire – di mostrare che la loro antica casa (incluso il simbolo della fiamma) può ospitare anche altro e altri. Starei per dire che – sia a livello giovanile sia per i «grandi» – questo è il momento di far fare un passo in avanti al progetto di un grande partito conservatore e liberalconservatore. Un modello c'è: quello del Partito repubblicano americano, che unisce storie e culture diverse. E – tutt'intorno – vive una rete di centri studi, *think-tank*, riviste, luoghi di elaborazione uniti dalla scelta del portabandiera per le elezioni, e meravigliosamente plurali per le culture a cui garantiscono cittadinanza.

Anche al di là dell'attuale assetto del centrodestra (basato su tre partiti distinti: che realisticamente resteranno tali), ciò che occorre, almeno dal punto di vista culturale, è un'immensa e invisibile tenda che ospiti tutti, e che poi lasci ciascuno ultralibero di far vivere circoli, riviste, associazioni, giornali, movimenti, evitando che una sola cultura si rinchiuda in sé stessa, si blindi, quasi ipotizzando una sfida tra sé e il resto del mondo.

Un uomo geniale e visionario come William Buckley jr. lo teorizzò nel 1955 in *National Review*, e parlò di «fusionismo»: non si tratta di annullare o annacquare alcunché, né di mescolare ingredienti in modo confuso, ma di far convivere culture diverse (destra identitaria, destra nazionale, destra liberale, destra religiosa, destra laica, ecc.) unite su un'agenda elettorale essenziale e poi naturalmente e felicemente differenti su tutto il resto.

Ci pensino i dirigenti di Fdi, sia quelli più giovani sia quelli con i capelli d'argento. E ci pensi soprattutto Giorgia Meloni. C'è bisogno di cani sciolti, di apporti freschi e diversi, di culture in intelligente e libera competizione. È evidente chi debba guidare la macchina: Giorgia Meloni e la sua squadra. Ma è anche loro primario interesse che questa squadra, a tutti i livelli, diventi più ariosa e polifonica, anziché restare chiusa in una trincea identitaria. È questo il modo migliore per neutralizzare i pochissimi (residui) cretini e i fanatici.

Ma lasciamo da parte per un momento l'infezione antisemita, e concentriamoci invece sul sentimento maggioritario di tutta l'opinione pubblica – emozione comprensibile, come dicevo poco fa – e cioè la paura del conflitto. Dopo quasi tre anni funestati dal Covid e dopo una guerra ormai lunga tra Russia e Ucraina, più la situazione in Medio Oriente, più le tensioni in Mar Rosso, è umanissimo che molti vivano con preoccupazione l'insorgere di nuovi eventi bellici o un aggravamento di quelli già esistenti. C'è un desiderio di normalità, di vita minimamente più serena, che abita nella testa e nel cuore di ciascuno di noi.

Eppure (sarà una consapevolezza minoritaria, ma occorre manifestarla) è il caso di renderci conto che esistono appuntamenti con la storia non rinviabili, nodi il cui scioglimento non può essere più di tanto allontanato nel tempo. Dall'11 settembre in poi (stiamo parlando di ventidue anni fa), l'Islam fondamentalista ci ha dichiarato una guerra che è tuttora aperta, e che il 7 ottobre ha conosciuto un picco atroce e autoevidente nella sua crudeltà assoluta. Solo alcuni illusi pensavano che la questione fosse archiviata: vale per il Medio Oriente, e vale per le cellule radicalizzate pronte a colpire nel cuore del nostro Occidente.

E – *jihad* islamica a parte – uno sguardo alla carta geografica offre in molti quadranti altri e consistenti motivi per una riflessione cupa: l'aggressività cinese, l'Africa in subbuglio, la contesa per le materie prime che è inevitabilmente destinata a farsi più aspra nei prossimi anni.

«*Estote parati*», «siate pronti», è un celebre monito evangelico. Abbiamo il dovere di essere intellettualmente ed emotivamente preparati a vivere in un mondo che non sarà un posto né facile né confortevole. Chi ha aspirazioni ireniche o irenistiche è destinato – temo – a fare i conti con una dura realtà che non possiamo continuare a negare o rifiutare di riconoscere per quello che è.

Ecco, non si pretende dai nostri attuali leader occidentali di mostrare la statura di un Churchill quando – solo contro tutti, nella sua stessa Gran Bretagna – contrastò la linea dell'*appeasement* con Hitler: e lo fece, giova ricordarlo, mentre la partita sembrava drammaticamente persa. Anche senza arrivare a quelle punte di drammaticità (anzi: si spera di non essere mai in una situazione del genere, ovviamente), ci sono comunque momenti in cui – magari rischiando sul piano dei sondaggi – occorre tenere ben ferma la barra del timone, avendo scelto una bussola affidabile: quella della libertà, oggi incarnata dal nostro Occidente e difesa da Israele, così come (purtroppo non abbastanza) da Washington, da Londra, dalle altre capitali tra cui Roma. Sono democrazie – le nostre – piene di difetti, che ci fanno arrabbiare ogni giorno: ma sono l'«attrezzo» meno peggiore prodotto dall'umanità, sul piano della vita politica e istituzionale, da qualche secolo. Conviene esserne consapevoli e averne cura. Oggi quei valori – in Medio Oriente – sono difesi dall'esercito israeliano: è questa la posta in gioco. Non lasciamoci ingannare.

Dunque, abbiamo individuato alcune chiavi di volta: per un verso, difesa e promozione del modello democratico, e per altro verso deterrenza come migliore – e preventivo – strumento per proteggerci.

Allo stesso tempo è necessario prenderci cura – ci torneremo più volte, anche nei prossimi capitoli – pure della «narrazione» complessiva, del «racconto» di cui l'opinione pubblica mondiale è destinataria.

Prevalere nella battaglia delle parole, imporre i concetti su cui discutere, fissare anche per gli altri – non solo per sé stessi – i binari su cui il dibattito dovrà svolgersi, è già la premessa di una vittoria più complessiva e profonda. O, se vogliamo guardare la stessa realtà dalla prospettiva inversa, farsi dettare dal nemico le parole e i parametri della discussione è una resa concettuale che a volte si accompagna a quella morale e precede di poco quella fisica.

In questo senso, c'è da rimanere sgomenti nel constatare come i media occidentali – pressoché unanimi, con eccezioni più rare di un quadrifoglio – abbiano accettato nella scorsa primavera, ad aprile, il racconto iraniano secondo cui

Teheran si preparava a una rappresaglia (poi concretizzatasi in un lancio di missili neutralizzati dalla difesa aerea di Gerusalemme) in risposta al raid israeliano dei giorni precedenti nei confronti dell'ambasciata iraniana a Damasco. Messe così le cose, infatti, risultava già pienamente accettata la narrazione degli ayatollah. Chi era l'«aggressore» secondo questo racconto? Gerusalemme. E dunque l'«aggredito» – cioè Teheran – si accingeva a rispondere.

Questo racconto era sostanzialmente falso, distorceva la realtà delle cose, e al tempo stesso però mostrava ancora una volta la nostra clamorosa vulnerabilità intellettuale ed emotiva. Anche lasciando da parte quello specifico episodio dei mesi passati, cosa ci è successo? Quale odio di noi stessi, quale abnorme senso di colpa ci induce a coprirci gli occhi, a non voler vedere, a subire una così palese alterazione della sequenza logica e cronologica degli eventi di questi mesi, anzi di questi anni?

È stata Israele a subire il 7 ottobre un attacco di violenza inenarrabile, l'evento più tragico contro esseri umani di religione ebraica dai tempi dell'Olocausto. E quell'attacco è stato sferrato da Hamas, cioè un *proxy*, anzi una protesi di Teheran, con il regime degli ayatollah che ha usato e continua a usare quell'organizzazione (come per altro verso Hezbollah) ai fini dell'avvelenamento dell'intera regione. È sempre Teheran che cerca da anni la strada del nucleare con l'esplicito, dichiaratissimo obiettivo di cancellare Israele dalla faccia della terra. Ed è ancora Teheran – attraverso la guerriglia e la pirateria Houthi – ad avvelenare la situazione in Mar Rosso, con effetti devastanti sulla navigazione commerciale e con pericoli non visibili ma immensi per la sicurezza dei cavi sottomarini.

È Teheran la testa del serpente, non giriamoci intorno.

L'aveva capito Donald Trump, che costruì gli Accordi di Abramo isolando l'Iran e favorendo il dialogo tra Arabia Saudita e Israele. E invece non l'avevano capito – anni prima – Barack Obama e Joe Biden (a quei tempi, presidente e vicepresidente Usa), che riempirono di risorse e di legittimazione politica il regime di Teheran. Tornato alla Casa Bianca da presidente, Biden ha ripetuto pari pari lo stesso errore: nella fretta di smontare ciò che Trump aveva edificato, ha creato il gelo con Riad e ha ripreso il dialogo con Teheran, con gli sconfortanti risultati che purtroppo abbiamo dovuto constatare.

Anche se nelle ore più delicate per Israele, sempre nell'aprile scorso, va dato atto al presidente americano di aver pronunciato parole chiare a difesa dello Stato ebraico contro l'attacco sferrato da Teheran, il guaio l'amministrazione democratica l'aveva già combinato prima: contribuendo nei mesi precedenti all'isolamento internazionale di Gerusalemme, e dando da tempo la sensazione che la preoccupazione principale di Washington non fosse (non sia) l'eliminazione di Hamas e la punizione esemplare di chi la sostiene, ma – paradossalmente – l'urgenza politica di fermare Israele.

È l'ora di chiamare le cose con il loro nome: l'Iran è uno dei Paesi capofila dell'assalto antioccidentale in corso. Questo non vuol dire – ovviamente – cercare accelerazioni belliche contro gli ayatollah. Ma vuol dire usare noi la deterrenza, stare all'offensiva, mostrare anche visibilmente una determinazione e un potenziale militare superiori. E invece – anche in quella circostanza della scorsa primavera – è avvenuto il contrario: è stata Teheran che, perfino alimentando l'attesa della sua azione anti Israele, ci ha messo tutti sulla difensiva, mostrando e godendosi una qualche centralità geopolitica.

Poi il fallimento dell'attacco aereo iraniano e il comportamento efficace di Israele (una controrisposta misurata, e un'alleanza larga antiayatollah anche includendo alcuni attori arabi regionali) hanno rimesso le cose a posto. Ma rimane il problema del rovesciamento delle parti: «loro» all'offensiva, «noi» sulla difensiva, autocostretti al gioco di rimessa.

Un americano che se ne intende (non a caso, detestato dai progressisti di tutto il mondo), l'ex *national security adviser* John Bolton, ha scritto in quei giorni sul *Telegraph* di Londra parole lapidarie (nel senso della lapide...) sull'eredità politica che Biden si prepara a lasciare: «La storia registrerà gli sforzi ossessivi dell'amministrazione Biden di negoziare con gli ayatollah come una delle maggiori ferite autoinflitte nelle vicende politico-militari». Che ci sta dicendo il falco Bolton? Che Israele – diversamente dal resto di un Occidente addormentato – non ha rimosso l'idea che il nemico esista e che possa portare minacce letteralmente esistenziali.

Se una simile dimenticanza avesse colpito Londra e Washington ai tempi di Hitler, la storia del ventesimo secolo sarebbe stata tragicamente ribaltata. Oggi – attraverso un'intelligente e robusta deterrenza – occorre evitare di trasformare il ventunesimo secolo nel momento della grande rivincita delle dittature e delle autocrazie.

4

L'Onu da ente inutile a entità dannosa. Ragioni per una Comunità delle democrazie

Inutile nella migliore delle ipotesi, dannosa nella peggiore. Senza alcun compiacimento e anzi con dolore lancinante nel doverlo constatare, è questa la sintesi della funzione svolta dall'Onu in pressoché tutte le crisi decisive degli ultimi decenni.

Parto da un ricordo personale. Ero molto giovane, e negli Stati Uniti una delle personalità più note della galassia neocon, Michael Ledeen, mi sussurrò sarcasticamente: «Daniele, ce l'hai presente il Palazzo di Vetro a New York? È bello, vero? Ecco, bisognerebbe farne un immenso e prestigioso *block of flats*, vendere a caro prezzo quegli appartamenti in posizione splendida, e dare tutto il ricavato ai bimbi poveri del mondo. Allora forse l'Onu servirebbe finalmente a qualcosa». Lì per lì, pur non avendo mai particolarmente amato le Nazioni unite, mi parve lo sberleffo di un pensatore acuto e talvolta desideroso di stupire, di *épater le bourgeois*. Ma, ripensandoci oggi, è maledettamente difficile non prendere sul serio quella rasoiata polemica.

Pensiamo alla questione rovente di Gaza. Al momento della controffensiva post 7 ottobre, Israele diede un ordine di evacuazione, e segnalò ai cittadini – con un massiccio volantinaggio – la necessità di spostarsi dalle zone che sarebbero state interessate dai combattimenti. Ecco, l'Onu avrebbe avuto il preciso dovere – per statuto – di attivarsi per aiutare, accelerare e assistere il processo di evacuazione. E invece? E invece non si sa cos'abbia fatto l'Onu, a parte diffondere prese di posizione anti Israele, come se pure le Nazioni unite (speriamo inconsapevolmente) avessero fatto sponda ad Hamas nel tentativo di scaricare su Gerusalemme i lutti delle settimane e dei mesi successivi. Il gioco fu tanto chiaro quanto insidioso: Hamas impediva l'evacuazione, l'Onu traccheggiava (e non aveva nulla da obiettare rispetto al comportamento di Hamas sul tema), e i media puntavano i fucili contro Netanyahu.

Ma questa è solo l'ultima puntata di una sequenza di fallimenti o – peggio ancora – di corresponsabilità dell'Onu in troppe tragedie della nostra epoca.

Prendi Srebrenica (luglio 1995): le truppe serbo-bosniache del macellaio Ratko Mladić massacrano 8.000 musulmani bosniaci in un'area dichiarata zona protetta con un'esplicita risoluzione delle Nazioni unite. Che fanno i 600 caschi blu Onu? Non intervengono per ragioni tuttora non chiarite.

Prendi un anno prima (1994) il genocidio in Ruanda, crimine accuratamente preparato e pianificato da una classe dirigente nazionale peraltro stracorrotta anche grazie ai finanziamenti internazionali. Con rare e meritorie eccezioni (si pensi al militare canadese che preannuncia il rischio di massacri, e naturalmente rimane inascoltato), l'Onu non fa una piega, e non pochi dei funzionari all'origine delle peggiori scelte relative al Ruanda risulteranno premiati con favolose promozioni e carriere.

Prendi il Covid, con l'Oms (l'agenzia Onu specializzata per le questioni sanitarie) che ne esce malissimo: per i suoi ritardi, per essersi schiacciata a lungo sulla versione di comodo di Pechino, per linee-guida discutibili e contestatissime, per l'atteggiamento politicamente ambiguo – e invariabilmente filocinese – del suo direttore, l'etiope Tedros Ghebreyesus. Rileggere oggi le prime prese di posizione dell'Organizzazione, tra sottovalutazioni e mano costantemente tesa a Pechino, lungo tutto il mese di gennaio 2020, fa male al cuore. E la dichiarazione ufficiale della pandemia arriverà infatti molto tardi, soltanto l'11 marzo.

E prendi infine la guerra tra Russia e Ucraina, con l'Onu – ovviamente – paralizzata e afona, essendo in causa Mosca, cioè uno dei membri permanenti e con potere di veto all'interno del Consiglio di sicurezza dell'Onu.

La realtà è che le Nazioni unite sono ormai un teatro in cui le peggiori dittature (Cina, Iran, Russia) collaborano fra loro e disegnano triangolazioni in chiave antioccidentale, non di rado con autentiche provocazioni: è perfino capitato che l'Iran (lo Stato sponsor del terrore islamista, lo Stato della segregazione delle donne e della persecuzione degli omosessuali) abbia guidato il Consiglio per i diritti umani.

Venendo a Israele, l'Onu è posseduto da una vera e propria ossessione contro Gerusalemme. Nel 2022, l'Assemblea generale dell'Onu ha approvato più risoluzioni critiche contro Israele di quanto abbia fatto contro tutte le altre nazioni messe insieme: per l'esattezza, quindici risoluzioni contro Gerusalemme e tredici contro altri Paesi (sei contro la Russia, e una a testa contro Corea del Nord, Afghanistan, Myanmar, Siria, Iran e Stati Uniti). Per capirci: nulla contro Cina, Cuba, Venezuela, Arabia Saudita, Turchia.

Andando a ritroso nel tempo, il quadro si fa ancora più surreale. Tra il 2015 e il 2022, sempre l'Assemblea generale dell'Onu ha adottato 140 risoluzioni su Israele e 68 su altri Paesi. Per ciò che riguarda più specificamente il Consiglio per i diritti umani dell'Onu, dal 2006 al 2022 questo organismo ha adottato 99 documenti contro Israele, 41 contro la Siria, 13 contro l'Iran, 4 contro la Russia e 3 contro il Venezuela. Chiaro, no? L'unica democrazia del Medio Oriente viene trattata come uno Stato-canaglia (e gli Stati-canaglia sono invece trattati in guanti bianchi).

Ripercorrendo alcuni dettagli, c'è da trasecolare, come si può evincere da tre esempi letteralmente incredibili.

Primo. L'organizzazione che si occupa dei profughi palestinesi, l'Unrwa, ha scelto una nozione e una definizione di «profugo» diversa da quella usata per tutti gli altri profughi nel mondo, quelli gestiti dall'Unhcr. Così, sono inclusi non solo quelli che sono scappati dalla Guerra di indipendenza nel 1948, ma anche tutti i loro discendenti: nel caso di Unhcr, invece, si considerano solo coloro che sono direttamente in fuga da un conflitto. Così, il conteggio – tra profughi veri e finti – ha portato i profughi palestinesi da 750.000 dopo il 1948 a 5,9 milioni dell'anno scorso, includendo perfino persone dotate di cittadinanza americana ed europea. Del resto, è attraverso questa organizzazione che è stata assunta pure una quantità di «insegnanti» impegnati a predicare odio contro Israele. E si tratta della stessa agenzia che è accusata di aver chiuso un occhio (forse due) nel coinvolgimento diretto di suoi dipendenti nell'eccidio del 7 ottobre.

Secondo. L'Onu, tramite l'Unesco, ha perfino cercato di sbianchettare la storia degli ebrei in Terra Santa. Si ricorderà la lunare risoluzione del 2016 che negava legami tra il popolo ebraico e il Muro del Pianto. E la cosa si è ripetuta rispetto alla tomba dei patriarchi ebraici, definita una «*Palestinian heritage*».

Terzo. Si è dovuto attendere il 1991 per rovesciare la dichiarazione del 1975 in cui l'Assemblea generale definiva il sionismo come una forma di razzismo.

Ora, si può essere presi dallo sconforto ricapitolando queste pagine scure. Ma – riesaminandole con freddezza –

c'è un metodo in tutte queste follie: non solo tentare di incolpare Israele per qualunque ragione, ma – molto peggio – offrire una sponda al radicalismo islamico per contestare il diritto all'esistenza di Israele. E in non pochi casi per far circolare il veleno dell'antisemitismo.

Ma torniamo alla famigerata Unrwa. Evidentemente non è bastato il terrificante scandalo cui ho fatto cenno poc'anzi: dodici dipendenti dell'Unrwa che sarebbero stati coinvolti direttamente nel massacro del 7 ottobre. Successivamente sono emerse altre due storie letteralmente raccapriccianti.

La prima è l'accusa lanciata a suo tempo dall'allora portavoce del governo israeliano Eylon Levy, che, mostrando i relativi documenti sui canali social, rese noto come le Brigate Izz-Al-Din al-Qassam, cioè l'ala militare di Hamas, si sarebbero rivolte per iscritto al capo del direttorato per l'educazione di Gaza chiedendo che insegnanti e educatori fossero giustificati in caso di assenza dal lavoro per addestramento militare. I dettagli appaiono eloquenti: ciò sarebbe avvenuto una settimana prima del 7 ottobre, e si parla di una data «non flessibile». In altre parole, un urgente addestramento di supporto doveva avvenire proprio nei giorni precedenti il massacro.

La seconda storia (la fonte è l'Ong Un Watch, che monitora criticamente le azioni dell'Onu e delle sue agenzie, mentre un autorevolissimo rilancio è avvenuto sul *Wall Street Journal*) riguarda un gruppo Telegram di insegnanti Unrwa a Gaza (i membri del gruppo sono 3.000, con amministratori identificati tramite nome e numero di contratto Unrwa), dove ci sarebbe stata una vera e propria celebrazione, un autentico festeggiamento dell'eccidio di inizio ottobre.

Andiamo a esaminare i messaggini circolati nel gruppo. Gli insegnanti, chattando, elogiano i «santi guerrieri» di

Hamas, e pregano affinché uccidano ancora più israeliani: «O Dio, falli a pezzi», «Uccidili a uno a uno», «Non dimenticarne nessuno», «Ammazza il primo colono in diretta online». Un altro ancora insiste affinché la gente di Gaza dia supporto ad Hamas. Non basta? Ecco i toni di un insegnante di scuola elementare sempre in ambito Unrwa: «I guerriglieri di Hamas hanno assorbito *jihad* e resistenza insieme con il loro latte materno». Aggiungendo: «...con i soldi delle tasse americane», alludendo sarcasticamente al fatto che tutta l'organizzazione goda di consistentissimi finanziamenti occidentali.

Da anni c'era – carsicamente – dibattito intorno al fatto che, come accennavo, proprio grazie all'Unrwa fosse stata assunta una notevole quantità di «insegnanti» impegnati a predicare odio contro Israele. Ma queste chat post 7 ottobre superano ogni limite.

Viene da chiedersi amaramente se l'Unrwa sia una sorta di ala civile di Hamas, o se Hamas sia l'ala militare dell'Unrwa.

Del resto, è sufficiente una piccola ricerca anche fotografica per trovare immagini che parlano chiaro: il britannico *Daily Mail* ha pubblicato nei mesi scorsi una foto con uomini armati di Hamas che «scortavano» mezzi dell'Unrwa che trasportavano aiuti. È perfino ovvio chiedersi a che titolo ciò sia avvenuto, e se davvero quegli aiuti siano finiti ai profughi o non siano stati intermediati e dirottati da Hamas in base alle sue finalità.

Rimane da capire come Usa e Ue possano continuare a ritenere che il tema del rapporto tra Unrwa e Hamas possa essere negato o ridimensionato. E come si possa sperare che Gaza diventi in futuro un luogo pacifico nel momento in cui le risorse occidentali sono direttamente e indirettamente utilizzate per colpire le donne e gli uomini di Israele.

A maggior ragione, dunque, si pone un altro tema che definirei di livello strutturale: si può andare avanti con questa Onu? Come si fa a non vedere che in quel contesto le dittature riescono a collaborare e a triangolare efficacemente, con ciò o paralizzando l'azione dell'Organizzazione oppure – peggio – orientandola in direzioni inaccettabili?

E allora le democrazie farebbero bene a muoversi di conseguenza: secondo una visione più moderata e riformista, costituendo un gruppo coeso all'interno delle istituzioni sovranazionali esistenti; secondo una visione più radicale, svuotando quelle istituzioni e costruendone altre in cui adeguati standard democratici siano premessa non aggirabile per ottenerne la *membership*.

Ciascuno scelga l'opzione preferita, e peraltro la prima (cioè un coordinamento interno agli organismi esistenti) non è necessariamente alternativa e incompatibile rispetto alla seconda (cioè alla costruzione di ulteriori «club»). Ma occorre che – in una forma e/o nell'altra – le democrazie trovino un nuovo e più stretto modo di cooperare e interagire tra loro.

L'ex premier britannica Liz Truss ha lanciato un'interessante provocazione al riguardo (dapprima all'Assemblea generale Onu a settembre 2022 e poi circa un anno fa, a novembre 2023, sul *Wall Street Journal*), evocando l'idea di una «Nato economica». In altri termini, a partire dal G7, occorrerebbe una «rete di libertà» capace di intervenire anche sul piano geoeconomico, non solo su quello militare, «difendendo insieme la nostra prosperità. Se l'economia di un partner è nel mirino di un regime aggressivo, dovremmo operare per supportarlo. Tutti per uno e uno per tutti».

Un altro ex premier conservatore, l'australiano Tony Abbott, sentito dal *Wall Street Journal* la primavera scorsa, non ha avuto esitazione a prospettare una nuova «guerra fredda» con la Cina. Tutto questo richiede nuclei più ristretti ma pure alleanze larghe, un lavoro incessante di costruzione della «coalizione» in tutti i continenti, una capacità di prospettare con autorevolezza e sincerità a tutti i partner – a maggior ragione a quelli in bilico – il vantaggio di non farsi catturare dalla rete cinese, che promette investimenti prima e imprigiona nella gabbia del debito subito dopo.

Occorre dunque un lavoro su più fronti (politico-diplomatico, militare, economico) che consenta al nostro Occidente di costruire alleanze interne alle organizzazioni oggi esistenti e – in prospettiva – *format* e geometrie nuove. Ma non si può restare fermi.

5
Il nuovo campo di battaglia della comunicazione multimediale (e dell'intelligenza artificiale)

Ma che bisogna fare, a quale santo (più o meno laico) occorre votarsi per far capire ai nostri leader occidentali che, oltre alla deterrenza (arma che già ci stiamo facendo largamente scippare, come abbiamo visto), occorre saper vincere la *battaglia dei cuori e delle menti*?

In altre parole, nell'immensa arena globale e multimediale in cui siamo immersi, non basta fare la cosa giusta, ma occorre farla in un modo che appaia (ora, non domani o dopodomani!) comprensibile e giustificato sia ai nostri concittadini sia all'opinione pubblica mondiale.

Dittatori e autocrati non hanno questo tipo di problema, di esigenza, di «costo»: non devono convincere nessuno, a casa propria. Eppure – Russia e Cina in testa – hanno sviluppato una parte tutt'altro che marginale della loro azione «ibrida» proprio per rivolgersi all'opinione pubblica occidentale: un po' confondendo le cose, un po' intorbidando le acque, e un po' evidenziando contraddizioni o cortocircuiti effettivamente esistenti.

E noi? Noi che aspettiamo? «Noi» – noi occidentali, intendo – saremmo quelli di Radio Londra, cioè i primi, molti decenni fa, a intuire l'importanza dell'uso della comunicazione come necessario *pendant* della difesa tradizionalmente intesa. Più avanti, anche in epoca di Guerra Fredda, «noi» siamo stati quelli della tutela-valorizzazionepromozione dei dissidenti e delle loro dolorose e straordinarie storie, come preziosi testimoni della differenza degli standard di libertà e democrazia al di qua e al di là del Muro di Berlino.

E invece oggi, anzi a onor del vero dall'inizio degli anni Duemila, arranchiamo su questo terreno. Abbiamo «perso» molti giovani, a cui non riusciamo a trasmettere il senso della posta in palio. E abbiamo lasciato con troppa facilità che il mix di propaganda delle dittature e di avvelenamento interno da parte delle nostre quinte colonne domestiche (comunisti, terzomondisti, antiatlantisti variamente combinati e assortiti) guadagnasse uno spazio smisurato. Risultato? Perfino quando si verificano eventi letteralmente terribili, diventa difficile spiegare ciò che dovrebbe essere evidente e autointuitivo.

Un esempio? È passato appena un anno dal 7 ottobre 2023, eppure sembra trascorso un tempo molto più lungo. E questa sensazione era già chiara a due o tre mesi da quel tremendo episodio.

C'entra – certo – la speciale velocità dell'epoca in cui siamo immersi, che divora tutto, che affastella e macina eventi, che moltiplica e soprattutto sposta continuamente l'attenzione mediatica, rendendo pressoché impossibile fissarsi a lungo su un solo tema. Accadde perfino con l'11 settembre: dopo alcuni giorni, piano piano, le scalette dei telegiornali tornarono – per così dire – alla «normalità».

Eppure stavolta c'è qualcosa in più, c'è qualcosa che non torna: c'è, diciamolo chiaramente, il tentativo (riuscito) da parte di alcuni di offuscare e far dimenticare quella tragedia. Troppo chiara la responsabilità criminale di Hamas, troppo indifendibile la causa amata da tanti media, troppo difficile collocarsi in un'area di ambiguità. E allora meglio chiuderla subito, attenuare-attutire-smorzare: pensate alla facilità con cui è stata archiviata, a suo tempo, perfino la notizia (con relative immagini) delle culle insanguinate, dei corpicini dei bimbi israeliani massacrati dai terroristi in quella tremenda alba.

Da un certo punto di vista, chi era in imbarazzo ha accolto con sollievo il fatto che – ragionevolmente – Israele si stesse preparando a un'azione militare in risposta all'attacco subìto. Così, con Idf all'offensiva, lo schema mediatico preferito da tanti tornava agevolmente praticabile: criticare le violenze «da entrambe le parti» (equiparando Gerusalemme e Hamas), dare credito (*sic*!) alle note diffuse dall'«ufficio stampa di Hamas», cercare l'occasione (spesso falsa e non vera, come sappiamo: si pensi al caso dei razzi sull'ospedale di Gaza ingiustamente attribuiti alla responsabilità di Gerusalemme) per colpevolizzare Israele.

Stessa musica nelle piazze occidentali: a parole, convocate «per la pace», ma nei fatti spesso animate da palese e scatenata ostilità contro Israele, e da un'indecente simpatia per i terroristi. In qualche caso, senza nemmeno provare a dissimularla, senza nemmeno tentare di celarla.

Il resto l'hanno fatto altre due circostanze. Dapprima, la pressione internazionale per una tregua: di fatto, un *pressing* rivolto solo verso Israele, proprio mentre l'offensiva dell'esercito di Gerusalemme stava procedendo con incontestabile successo. Poi, il comprensibile e umanissimo sollievo per le prime e parzialissime liberazioni di pochi ostaggi: come se quelle persone fossero state sequestrate a causa dell'azione dell'esercito israeliano e non per una scelta criminale di Hamas, quella concretizzatasi nell'azione del 7 ottobre. Quanto poi – nelle settimane e nei mesi successivi – alla sorte del resto degli ostaggi, è tornata una fitta nebbia: che fossero morti, più o meno orrendamente torturati, lo si dava quasi per scontato. Non suscitò riprovazione nemmeno la notizia – fatta trapelare da «fonti» di Hamas – che i terroristi avevano per così dire perso di vista e «smarrito» alcune persone. Che oscenità!

Contemporaneamente, in tutto quel periodo, proprio mentre veniva schiacciata militarmente, Hamas si è dedicata a due mosse astute dal suo punto di vista: da un lato, a centellinare il rilascio degli altri ostaggi, scommettendo sul valore che Israele e l'Occidente – il che è vero – attribuiscono alla vita di ogni singola persona; dall'altro, a un'ossessiva operazione mediatica volta a valorizzare la sofferenza del popolo palestinese. Sofferenza autentica, intendiamoci: un bimbo che muore è sempre una tragedia per l'umanità. Ma il punto è che i lutti e le lacrime del popolo di Gaza andavano e vanno messi pure quelli sul conto di Hamas. È stata Hamas a dire che occorreva più sangue, anche della propria parte; ed è stata ancora Hamas a impedire a più riprese l'evacuazione sollecitata dalle forze israeliane.

È per questo che – a mio avviso – si rendeva indispensabile da subito una scelta di comunicazione drammatica da parte di Israele, che mi permisi di proporre immediatamente, pochi giorni dopo il 7 ottobre, dalle colonne di *Libero*. Com'è noto, Gerusalemme aveva realizzato un filmato di oltre quaranta minuti che inizialmente era stato mostrato ai parlamentari israeliani e a rappresentanti selezionati dei media internazionali. Si trattava di un lavoro che, rispetto a quella orrenda mattanza, univa filmati delle telecamere di sicurezza, clip girate dalle stesse forze israeliane nel momento dei soccorsi, ma anche video registrati dalle *bodycam* che proprio i terroristi avevano al collo. Alcuni di questi guerriglieri di Hamas erano stati catturati o uccisi dagli israeliani, che poi avevano potuto rinvenire reperti audiovisivi letteralmente terrificanti.

Ecco, la proposta che avanzai era che questo materiale sugli eccidi del 7 ottobre fosse subito reso disponibile non solo ai giornalisti invitati alle proiezioni riservate, ma che fosse diffuso integralmente – con ogni mezzo possibile – all'opinione pubblica mondiale. Sapevo bene che proprio il rispetto per le vittime aveva suggerito alle autorità israeliane una speciale cautela: tutto umanissimo e comprensibile. Una volta di più, quel riserbo faceva onore a Gerusalemme.

Ma occorreva pur tenere presente le caratteristiche dell'arena mediatica multimediale in cui l'umanità è oggi immersa: ciò che non si vede, ciò che non raggiunge i nostri occhi, rischia di non raggiungere nemmeno i nostri cuori, rischia di esistere «meno», rischia di facilitare l'operazione di offuscamento di cui dicevo all'inizio.

Il paradosso era che ogni sera, in tutto il mondo, i telespettatori vedevano le immagini che Hamas voleva fossero viste, ma non vedevano le immagini del 7 ottobre. Eppure l'orrore era lì, al di là di ogni possibile immaginazione: e occorreva che nessuno potesse dire «non sapevo», «non avevo capito».

Chiesi dunque: fatecele vedere. Fatele vedere a tutti. Sarebbe stato un po' difficile far finta di niente per quanti, nelle nostre piazze, inneggiavano alle imprese di Hamas: quei signori e quelle signore avrebbero dovuto essere capaci di rimanere con gli occhi aperti e di guardare fino alla fine quei quaranta minuti di video prima di ricominciare con la loro propaganda antisionista, o forse direttamente antisemita. Nel nostro tempo, la dimensione della guerra mediatica, l'esigenza di raggiungere i cuori e le menti, non può essere considerata meno importante delle operazioni sul campo. Con amicizia, anzi con amore dei valori che Israele rappresenta, mi permisi quindi di insistere affinché questa ipotesi – di un grande choc comunicativo – fosse presa in esame.

Sfortunatamente, per un tempo piuttosto lungo, prevalse il riserbo: anche per le comprensibilissime ragioni di rispetto a cui facevo cenno. Solo molte settimane dopo, Israele rese tutto disponibile su una pagina internet. Ma – temo – quando l'operazione di annebbiamento era già ampiamente riuscita.

Fateci caso: in questi mesi, ogni volta che i nemici dell'Occidente e della libertà si macchiavano di un crimine atroce, le loro quinte colonne dislocate nelle nostre capitali (più o meno consapevoli di comportarsi da utili idioti) conoscevano un solo schema: mettere sul tavolo colpe occidentali che avrebbero pareggiato il conto dei crimini altrui. Hamas si è macchiata del pogrom del 7 ottobre? E subito partiva la macchina dell'offuscamento tentando di descrivere Israele come responsabile di un «genocidio». Incredibile ma vero: i bersagli presentati come carnefici (pensateci: che vuol dire «*from the river to the sea*»? Vuol dire annullare la stessa esistenza di Israele).

Cambiamo scenario – ed esempio – ma restiamo sullo stesso punto della *battaglia dei cuori e delle menti*. Sapete da tempo quale credibilità avessero i commentatori e i gazzettieri che, nel febbraio 2024, quando l'Alta corte di giustizia britannica fu chiamata a pronunciarsi sulla richiesta statunitense di estradare Julian Assange, si erano affrettati a descrivere Assange come il nostro Aleksej Navalny, e quindi – per logica estensione – le nostre democrazie occidentali come equivalenti e intercambiabili rispetto all'autocrazia russa.

Il giochino retorico dei nostri rossobruni (a cui, come abbiamo scritto nelle prime pagine di questo saggio, l'Occidente fa orrore, ma che – chissà come mai – stentano a trasferirsi nei «paradisi» di Pechino, Teheran e Mosca) era insidioso, ingannevole, suggestivo, ma in ultima analisi rozzissimo, grossolano, intellettualmente disonesto: parificare Londra e Washington a Mosca, affermare un generico «tutto il mondo è paese», negare ogni differenza tra (sia pur imperfette) democrazie e (sia pur conclamate) dittature. La «prova» del loro ragionamento stava nel trattamento dei dissidenti o dei dissenzienti: sequestrati di qua e di là, perseguitati a tutte le latitudini, senza distinzioni. A testimonianza di una generica nequizia del potere, ma senza apprezzabili differenze tra «noi» e «loro».

Sono bastate poche settimane per smontare questo castello di carte. E infatti la sorte dei due protagonisti si è rivelata non solo diversa, ma diametralmente opposta. Il povero Navalny è morto ammazzato: sì, ammazzato.

Quanto invece ad Assange, a marzo è stato destinatario di un primo (interlocutorio) pronunciamento favorevole, dal momento che l'Alta corte di Londra ha detto sì all'istanza degli avvocati dell'australiano, concedendogli un'ulteriore carta legale: un'istanza supplementare, che era stata negata in prima battuta. Morale: Assange e il suo team legale hanno potuto di nuovo far valere la loro tesi di una «persecuzione contro una legittima attività giornalistica», mentre – per altro verso – le autorità britanniche e americane sono state chiamate a produrre «rassicurazioni più affidabili» sulla possibilità di Assange di appellarsi al Primo emendamento Usa (principio della libertà d'espressione), oltre che sulla garanzia di non andare incontro alla pena di morte in caso di estradizione.

E la notizia è che il 20 maggio scorso Assange ha ottenuto un ulteriore successo parziale, nel senso che le «rassicurazioni» chieste alle autorità americane dai giudici inglesi non sono state ritenute sufficienti. Morale: l'Alta corte ha stabilito che il fondatore di Wikileaks possa fare appello contro l'estradizione negli Stati Uniti su alcuni singoli punti.

Non solo (e siamo al finale di partita): il 25 giugno scorso, Assange è stato liberato, avendo raggiunto un'intesa con il governo Usa. Lui si è accusato di alcuni reati che gli erano contestati, addossandosi responsabilità penali, e quindi dichiarandosi colpevole di violazione dell'*Espionage Act* americano, e gli Stati Uniti hanno rinunciato a perseguirlo ulteriormente (è infatti stata decisa una condanna a 62 mesi di prigione, che sono stati considerati come già scontati nel Regno Unito), dando luce verde alla sua partenza da Londra (dove si trovava) verso l'Australia. Un destino ben diverso da quello di Navalny, come chiunque comprende.

Ora, ancora per un po', i nostri rossobruni urleranno, strilleranno, spareranno a palle incatenate contro Stati Uniti e Gran Bretagna, ma – miracolo di un sistema che loro detestano – non potranno occultare la realtà delle cose: di là si muore, senza stato di diritto, senza dignità, senza *pietas*, anzi con prove di autentico sadismo perfino nei confronti dei familiari della vittima, costretti a indicibili umiliazioni per un estremo saluto alla salma; di qua, invece, tutti – bene o male – possono usufruire di garanzie, di procedure, di una difesa secondo legge, di un giudice terzo, di più gradi di giudizio. E anche – ciò che più conta – di un dibattito pubblico aperto e vibrante, in cui la campagna pro Assange può liberamente dispiegarsi, argomentare, fare proseliti, tentare di convincere.

Come si vede, c'è tutta la differenza del mondo tra democrazie e dittature, altro che intercambiabilità. Si badi bene: questo non vuole affatto significare che le nostre democrazie siano perfette. Al contrario: sono piene di errori e a volte anche di orrori, ci fanno continuamente disperare, impongono agli spiriti liberi decenni di battaglie non sempre fortunate o maggioritarie. Ma solo chi è in profonda malafede può non cogliere la diversità di forma e di sostanza, di metodo e di contenuto.

Tutto il resto – a partire dal dibattito sulla figura di Assange – viene dopo: qualcuno lo vede come un martire della libertà, come un eroe del giornalismo antisistema, come un grande irregolare che ha rivelato al popolo le oscurità e gli intrighi del potere; altri lo vedono come un traditore, come un uomo che ha messo a rischio le vite di numerosi occidentali, come un soggetto che non ha mai creato problemi ad autocrazie e dittature ma solo alle democrazie dell'Alleanza atlantica. Personalmente mi considero tutto sommato più vicino alla seconda scuola di pensiero che non alla prima. Ma ciò – mentre scrivo – mi pare molto poco rilevante, anche perché non pochi sostenitori della seconda tesi, nel loro intento di punirlo con ogni mezzo, hanno maldestramente contribuito a trasformare Assange in un simbolo, in un'icona pop, in un leader generazionale.

E su questo occorrerà tornare un'altra volta, perché – come abbiamo ampiamente visto in questo capitolo – le nostre nazioni occidentali continuano a perdere la *battaglia dei cuori e delle menti*: non sanno farsi amare, non sanno difendere le loro buone ragioni, e costruiscono la loro sconfitta strategica sia rispetto alle dittature sia rispetto molti tra i propri figli. Ne riparleremo. Ma intanto teniamoci strette le nostre imperfettissime democrazie.

Se non siamo più in grado di distinguere tra queste realtà diverse tra loro come il giorno e la notte, vuol dire che ci troviamo davvero al buio. E, quando fa scuro, anche una luce fioca – la candela della libertà che qui, nel nostro piccolo, cerchiamo come possiamo di contribuire a tenere accesa – può rivelarsi preziosa per non smarrire definitivamente la strada.

Ciò detto, prendiamoci una (piccola) pausa di decompressione. Il tema delle caratteristiche dell'arena multimediale in cui siamo immersi non vale solo per i grandi scenari globali, ma va studiato e approfondito anche in chiave di politica interna, di rapporto con le singole opinioni pubbliche nazionali.

E allora trattenete le risatine, perché non vi sto solo per raccontare l'ultima bizzarria di un personaggio indubbiamente stravagante, ma vi propongo di fare insieme una *full immersion* nella nuova dimensione *superpop* della politica e della comunicazione. Per capirci, parleremo di qualcosa che oggi, rispetto all'Italia, ci pare lontano-folkloristico-improbabile, ma che molto presto rischia di diventare l'ordinario terreno di battaglia politico e comunicativo.

E allora tenetelo d'occhio, anzi studiatelo: sto parlando del britannico Nigel Farage, politico (solo per qualche tempo, per una parentesi, da considerare un «ex») da sempre considerato dai benpensanti altamente «divisivo». Diciamocelo: Farage ha tutto quello che serve per essere detestato dalle beghine *woke*, dai chierichetti politicamente correttissimi, insomma dalla tipologia di progressisti oggi dominanti in Occidente. È fieramente di destra, convintamente pro Brexit, euroscettico da sempre, amicissimo di Donald Trump, nemico giurato dell'immigrazione fuori controllo. Pinta di birra facile, battuta prontissima, gran performer radiofonico e televisivo, disponibilità naturale allo scontro al calor bianco.

Che ha combinato stavolta? Lo scorso inverno, ha deciso di partecipare a un reality show televisivo in Gran Bretagna che si intitola *I'm a celebrity*. Diciamocelo preventivamente: si tratta di una cafonata pazzesca, di un programma tv *supertrash*, in cui un gruppo di persone famose è collocato per un certo numero di settimane in una specie di giungla, dove gareggiano per essere – appunto – incoronate «Re della giungla». La frase di esordio di Farage nel programma è stata spettacolare: «Ho già avuto a che fare con i serpenti, ma nel Parlamento europeo».

Ecco: un analista tradizionale inorridirebbe all'idea che un politico possa infilarsi in un contesto del genere. E invece – tenetevi forte – a me pare che sia quel tipo di analista a far male i suoi conti, mentre il volpone Farage ha fatto benissimo i propri. Cerchiamo di capire perché, e soprattutto proviamo a ragionare su come questa scelta inconsueta parli anche a noi, a chiunque abbia interesse a comprendere come tenderanno a funzionare i meccanismi del consenso nella chiassosa arena multimediale in cui già ci troviamo.

Che ha fatto Farage? Essenzialmente quattro cose. Primo: ha allargato la sua platea televisiva di riferimento, l'area delle persone che lo conoscono. Oggi i programmi squisitamente politici (come del resto la tiratura dei quotidiani) vivono una fatale contrazione dei loro numeri. Lui invece ha provato ad andare in uno spazio dove ci sono molti milioni di spettatori, un tipo di pubblico di fascia media e medio-bassa che non ha necessariamente opinioni politiche già consolidate ma che si pone domande corrispondenti esattamente al suo tipo di agenda (tasse, sicurezza, immigrazione), e che per di più apprezza il suo posizionamento anti *woke*. Quel tipo di pubblico non vuole vedere nemmeno in cartolina i politici tradizionali, ed è invece dispostissimo a sentir rappresentati da un supervip i propri istinti e sentimenti.

Secondo: chiusa l'esperienza dell'Ukip, il movimento che

fondò una volta uscito (da destra) dal partito conservatore, Farage si è da qualche anno imbarcato in una nuova avventura politica, dal nome Reform Uk. Per qualche tempo non ne è stato il leader, ma i sondaggi dello scorso inverno dicevano che, se lo fosse diventato, lo avrebbe portato istantaneamente al 14% (in quel momento la formazione era quotata al 10%). È la stessa operazione che gli riuscì nel 2012, quando da gennaio a dicembre il movimento di Farage schizzò dal 5 al 15%.

Terzo: come gli è già accaduto una volta, Farage punta a sfruttare il tracollo dei conservatori sfidandoli da destra. Avete fallito sull'immigrazione? Non avete abbassato le tasse? Non avete portato Brexit a una piena attuazione? Ci sono io a farmi carico di queste istanze. Se fossero vere le cifre che abbiamo citato prima (14%), Farage potrebbe costare ai conservatori – in un'elezione generale – la perdita di circa cento collegi uninominali. Nel marzo di quest'anno, sul londinese *Telegraph*, un analista politico di prim'ordine come Allister Heath ha presentato un eventuale ritorno diretto sulla scena di Farage come un «*extinction-level event*» per i Tories, cioè come un evento capace di produrre l'estinzione (elettorale) dell'attuale partito conservatore.

Ecco: puntualmente, ai primi di giugno scorso, a quattro settimane esatte dalle politiche che si sarebbero tenute il successivo 4 luglio, l'annuncio è arrivato: Farage ha assunto la guida di Reform Uk, e si è candidato nel collegio di Clacton-on-Sea, una graziosa località di mare a est di Londra. E le prime dichiarazioni di Farage sono state fiammeggianti: «Ho cambiato idea, mi candido. Credo davvero che possiamo ottenere più voti del partito conservatore. Sono sull'orlo del collasso totale». E ancora, sparando a palle incatenate: «Quello che chiedo davvero e che intendo guidare è una rivolta politica. Una rivolta contro lo status quo». Poi un'altra botta: «In questo Paese non funziona più nulla. Siamo in declino». Gran finale: «È la campagna elettorale più noiosa vista finora. Siamo in una situazione in cui nessuno crede a una parola di quello che dicono i politici».

I pochi ottimisti, tra i conservatori, credevano che, per questa via, Farage potesse anche sottrarre voti a sinistra; i pessimisti ritenevano invece che, essendo questi attacchi alla sinistra credibili sulla bocca di Farage, questo gli avrebbe reso ancora più facile pescare a destra.

Rimane un quarto punto tutt'altro che marginale: Farage è un vero amico di Donald Trump, che ha seguito nella buona e nella cattiva sorte. Ed è ovvio che l'enorme esposizione di Trump verso le presidenziali Usa di novembre è stata un balsamo anche per Farage, che non ha mai smesso di presentarsi come la «*British version*» del *tycoon* Usa.

A proposito: a conti fatti, cioè a elezioni del 4 luglio tenute, hanno avuto clamorosamente ragione i pessimisti (tra i conservatori). Farage è risultato personalmente eletto nel suo collegio, e insieme a lui Reform Uk ha complessivamente portato a Westminster 4 deputati, nonostante un risultato lusinghiero (14%). Secondo le stime post-voto, i collegi persi dai Tories a causa di Farage sono stati non un centinaio, ma ben 140. Ora, da un lato è vero che è un'operazione intellettualmente e politicamente discutibile ritenere che, senza Farage, quei voti sarebbero rimasti a disposizione dei Tories. Ma resta il fatto che le due formazioni di destra – messe insieme – hanno preso 10,6 milioni di voti contro i 9,7 dei laburisti. E però, a causa del sistema elettorale, a destra sono stati conquistati soltanto 126 seggi, contro i 411 dei laburisti.

Morale della favola: quando i conservatori non fanno

bene il loro mestiere, nasce qualcosa alla loro destra, con altissimo potenziale distruttivo e gran profitto per la sinistra.

Va anche sottolineato come, quasi alla fine della campagna elettorale, Farage abbia rilasciato un'improvvisa (e anche improvvida) dichiarazione pro Putin, ricalcando con parole sue il tema (caro a papa Bergoglio) della Nato che, abbaiando per anni ai confini russi, avrebbe provocato la reazione di Mosca. Ovviamente l'argomento non tiene: anzi, sorprende che un campione dell'Anglosfera sia caduto in un errore così clamoroso, scegliendo la pace via *appeasement* (tradizionale errore degli europei continentali) anziché via deterrenza.

Eppure anche quello specifico episodio – dal punto di vista di questo libro – va studiato con attenzione: corrisponde al sentimento di un pezzo di opinione pubblica e ad alcune esternazioni (solo alcune, per fortuna) di Donald Trump, e fotografa bene l'incapacità delle leadership occidentali sia di fare la guerra sia di fare la pace. Ovvio che in questo – con un mix di buona fede e di mala fede, con un occhio all'opinione pubblica e uno al Cremlino – alcuni si infilino con una polemica che entra come una lama nel burro.

* * *

Dopo di che, come è chiaro ai lettori di questo libro, comunicazione e politica sono intimamente collegate: forse oggi sono la stessa cosa. E dunque al «caso Farage» fa da *pendant* il naufragio elettorale dei conservatori alle elezioni generali del 4 luglio scorso.

C'è modo e modo di perdere: si può perdere malamente un'elezione oppure – ed è ben più grave – si può addirittura rischiare di perdere sé stessi, di smarrire la bussola e l'identità.

Intendiamoci: per molti versi è assolutamente naturale subire una sconfitta elettorale dopo un lunghissimo ciclo di governo. È quanto è accaduto la scorsa estate, confermando tutte le previsioni, ai conservatori britannici, che governavano il Regno Unito ininterrottamente dal 2010. In oltre 14 anni si sono succeduti cinque primi ministri dei Tories (David Cameron, Theresa May, Boris Johnson, Liz Truss, Rishi Sunak), ciascuno peraltro portatore di linee politiche assai differenti, e non di rado addirittura confliggenti.

Del resto, da sempre la politica britannica è punteggiata da tremende battaglie e da episodi di cannibalismo all'interno dei partiti principali: è nota, a questo proposito, la feroce battuta secondo cui a Westminster (che non ha forma di emiciclo, ma prevede tribune contrapposte per maggioranza e opposizione) gli avversari siedono davanti al primo ministro, mentre i «nemici» gli stanno alle spalle, alludendo alla tendenza all'accoltellamento del premier da parte dello stesso partito che lo ha espresso.

Tutto ciò è a maggior ragione vero in anni di accelerazioni superveloci, di trasformazioni incessanti: 14 anni sono oggi un tempo infinito. E, per qualche anno, solo il carisma fiammeggiante e il grano di follia di Boris Johnson avevano gestito (o almeno mascherato) divisioni profondissime interne ai Tories: tra pro Brexit e anti Brexit, tra liberisti thatcheriani e moderati pro intervento pubblico. Era fatale e fisiologico che prima o poi il ciclo finisse, e per questo appariva a tutti scontata la vittoria dei laburisti di Keir Starmer.

E qui cominciano i guai. Guai doppi, direi. In primo luogo, guai per la Gran Bretagna: a dispetto dell'immagine personale rassicurante che Starmer si sforza di trasmettere, la parte fiscale e quella burocratica del suo programma non promettono nulla di buono, e c'è da immaginare che presto non pochi elettori avranno motivo di pentirsi delle loro scelte. La sinistra non è mai moderata, anche quando vorrebbe far credere di esserlo.

In secondo luogo, ci sono i guai – giganteschi, a questo punto – dei conservatori, che negli ultimi anni hanno perso l'anima e i princìpi.

Prendi Brexit. Dopo la vittoria referendaria del 2016 era preciso compito dei Tories credere in quell'esito, e quindi scommettere su un taglio di tasse e su un attacco alla burocrazia che potessero fare del Regno Unito qualcosa di ancora più distinto da Bruxelles, un *hub* capace di attrarre risorse e investimenti. E invece pure i conservatori, in ciò adeguandosi all'*establishment* culturale di sinistra, hanno vissuto Brexit in termini di danno da ridurre anziché come un'opportunità. E l'occasione è stata largamente sciupata.

Prendi ancora le tasse. Liz Truss, la premier arrivata a Downing Street prima dell'ultimo inquilino Rishi Sunak, aveva vinto il *leadership contest* (cioè le primarie interne) esattamente su un programma di taglio thatcheriano della pressione fiscale. Ora si può discutere in eterno sul motivo per cui quell'operazione non sia riuscita (errori suoi e del suo ministro dell'Economia, reazione eccessiva dei mercati, ostilità interne ed esterne al partito): ma è un fatto che il progetto sia miseramente naufragato. Che cosa devono pensare gli elettori di un partito capace di liquidare una sua leader proprio sul punto decisivo sul quale aveva vinto le primarie?

E prendi infine l'immigrazione. Pure lì, nonostante tanti impegni, l'insuccesso è ormai sotto gli occhi di tutti, con dati inquietanti relativi all'immigrazione illegale e pure – ciò che sgomenta anche di più – rispetto all'immigrazione legale. In altre parole, quelli che erano stati pensati come paletti normativi rigidi per evitare che – pur nella legalità –

i numeri dei nuovi arrivati diventassero soverchianti sono stati travolti dalla realtà. A tutto questo vanno sommati l'islamizzazione crescente della società britannica e le derive inaccettabili delle manifestazioni pro Palestina.

Certo, è un peccato che una simile rovinosa sconfitta sia precipitata sulle spalle di Sunak, percepito un po' da tutti come persona seria e competente, eppure travolto dalle circostanze. C'è dunque materia per una profonda riflessione da parte dei conservatori in tutto il mondo, e pure in Italia: se – per un complesso di circostanze e per errori propri – un partito si allontana progressivamente dalle ragioni e dai sentimenti dei suoi elettori, e se lo fa proprio sui temi decisivi (tasse, immigrazione, sicurezza), è ben difficile che prima o poi il conto (salatissimo) non arrivi.

* * *

Ma non perdiamo il filo e torniamo alla centralità della dimensione *superpop*. Ricordatevi che, prima di candidarsi nel 2016, Trump è stato la star indiscussa – per ben quattordici anni, con indici d'ascolto pazzeschi – del programma tv *The Apprentice*, un altro reality show costruito sulla gara tra aspiranti uomini d'affari, chiamati a mostrare le loro capacità, le loro abilità imprenditoriali e di vendita, fino al giudizio finale di Trump e dei suoi consiglieri, chiamati a decretare vincitori e vinti (questi ultimi allontanati con l'iconica frase trumpiana: «*You're fired*»).

Volgarità? Certo, anche. Dimensione rozza, da *wrestling* applicato alla politica e alla discussione pubblica? Può darsi. Ma più passano gli anni, e più quello stesso vento si fa impetuoso. A maggior ragione, dunque, non si tratta di esaminare questa materia scottante con sufficienza, con un'arietta schizzinosa e giudicante, ma di porsi quello che chiamerei il «problema del *bridge*», cioè del ponte tra istituzioni e *common people*. Puoi disprezzare questo stato di cose quanto vuoi, ma il mondo – oggi – è nettamente diviso tra i politici che questo problema se lo pongono e chi invece, in modo sciocco quanto spocchioso, non se ne cura. Risultato? Il popolo sta e starà sempre più spesso altrove, rispetto a chiunque pretenda di dargli le pagelle e di rieducarlo. Mentre alcuni volponi (da Farage a Trump) hanno condotto un'efficace operazione-simpatia, raccogliendone i frutti o preparandosi a farlo ancora meglio in futuro.

Per chiudere il capitolo, rimane un'altra gigantesca questione sul tappeto, quella dell'intelligenza artificiale: anch'essa – prevedibilmente – destinata a diventare materia del solito approccio ultraregolatorio, antimercato e antiinnovazione che caratterizza la *forma mentis*, il *mindset* di troppi politici europei.

Ad esempio, prometto di leggere meglio e con maggiore attenzione le (minacciose per mole, e forse non solo per quella) 458 pagine dell'AI Act, la nuova normativa Ue che è stata elaborata sul tema la scorsa primavera.

A primissima vista, vi si trovano alcuni elementi di buon senso, a partire dalla distinzione tra attività ad alto oppure a basso rischio, destinatarie nel primo caso di controlli più penetranti e nel secondo di meri doveri di trasparenza. Altre attività alla cinese (riconoscimento facciale, «*social score*» eccetera) sono poi ovviamente vietate. E fin qui tutto bene.

Ma – confesso – entrare nel merito di ogni singola disposizione mi pare semplicemente da alienati, o forse addirittura da alieni: il punto sono le 458 pagine in sé, un malloppone da superavvocati, una «mappazza» regolatoria che non solo conferma la passione europea per ogni nuova possibile gabbia normativa, ma la proietta in una dimensione in cui – a breve – quella stessa regolamentazione sarà realisticamente obsoleta, superata da una realtà in rapidissimo e incessante movimento.

Siamo sempre lì, al ben noto trittico: «*America innovates, China replicates, Europe regulates*», che esprime – ahinoi – un'attitudine profonda. Non a caso, nel settore dell'AI, come pure in quello dei social media e della comunicazione multimediale più avanzata, non esistono «campioni» europei. Non è difficile indovinare perché.

Con ciò non intendo certamente sottovalutare i problemi che questa nuova realtà porterà con sé: in termini di affiancamento e in diversi casi di sostituzione del lavoro tradizionale, e anche in termini di estrema facilità nella riproduzione/falsificazione/rielaborazione di voci-immagini-suoni, dando vita al ben noto e temibile fenomeno del *deepfake*. Ad esempio, questo 2024 è stato un anno di votazioni in giro per il mondo: e di fatto non c'è stata una sola elezione rilevante prima della quale non siano stati diffusi materiali audiovideo falsi sugli avversari, in qualche caso in modo innocuo e sorridente, in altri in modo malizioso e con chiara volontà di ingannare gli elettori.

Sommate – ai fini di un cocktail esplosivo – questi fattori: la superpolarizzazione che ben conosciamo, la soglia di attenzione bassa rispetto ai contenuti online, il fatto che moltissimi elettori prendano la loro decisione di voto nell'ultima settimana. Ecco, in un panorama del genere, e con materiale – diciamo così – facilmente infiammabile, immaginate la potenza devastante di un'operazione di falsificazione profonda realizzata a settantadue ore dall'apertura delle urne.

Poiché – come notava anni fa con meraviglioso sarcasmo il grande Antonio Martino – i politici vedono la luce solo quando sentono il calore, è probabile che si accorgeranno prevalentemente di questo tipo di problemi, di cui sono candidati a essere le primissime vittime. E estenderanno a ogni altro aspetto e uso dell'intelligenza artificiale la logica poliziesca-punitiva che, rispetto al *deepfake*, è giustificatissima.

Ma sul resto, pretendere di regolare tutto, di inseguire a colpi di regolette una realtà che muta a velocità supersonica, è un po' come immaginare di fermare il mare con le mani. Invece, avrebbe più senso – a me pare – orientarsi su un elemento imprescindibile: la richiesta di trasparenza degli algoritmi, la «conoscibilità» delle regole e dei criteri utilizzati.

Siamo sempre lì: a chi ha una mentalità liberale torna in mente l'einaudiano «conoscere per deliberare»; a chi ha una mentalità diversa si riaffaccia invece la tentazione di costruire complicate – e ovviamente inefficaci – gabbie regolatorie.

6

Paradigmi opposti: Reagan-Thatcher vs. Obama-Biden. L'incognita di una nuova presidenza Trump: lui già consegnato dall'attentato alla dimensione del mito, il vecchio Joe precipitato nel ridicolo dopo il primo faccia a faccia in tv (fino al successivo ritiro forzato)

Nel gennaio del 1977, poco meno di quattro anni prima che diventasse presidente degli Stati Uniti, fu chiesto a Ronald Reagan cosa pensasse dell'Unione Sovietica e quale potesse essere la migliore strategia per chiudere con successo la Guerra Fredda. E quel gigante rispose con quattro parole lapidarie: «*We win, they lose*», «Noi vinciamo, loro perdono».

Non fatevi ingannare dalla studiata essenzialità di quella frase (lo stesso Reagan aveva premesso di voler dire cose «semplici» e che «qualcuno avrebbe definito semplicistiche»): la realtà è che in quelle parole c'era un'analisi politica (la differenza abissale tra democrazie e dittature) e un impegno assoluto (prevalere, far vincere la libertà, non accettare compromessi mediocri).

Sta di fatto che, una volta arrivato alla Casa Bianca (1980-1988), Reagan operò minuziosamente per dare corpo a quella strategia: volle un poderoso riarmo che schiantò le velleità sovietiche e fece letteralmente implodere l'Urss, si impegnò in una costante difesa dei princìpi e dei dissidenti, e aggiunse a tutto questo – per vincere anche la battaglia dei cuori – pagine epiche, incluso il suo leggendario discorso del 12 giugno 1987 a Berlino Ovest («*Mr Gorbaciov, tear down this wall!*») che gli era stato vivamente sconsigliato dai soliti tremebondi «esperti». Come si sa, il muro venne effettivamente giù un paio d'anni dopo.

Da allora sono trascorsi alcuni decenni, ma sembrano passati secoli, al punto che nel malridotto Occidente di oggi desta scandalo perfino una battuta (per una volta, efficace e veritiera) sfuggita a un presidente Usa purtroppo diversissimo da Reagan. Da queste parti – come i lettori sanno – non siamo ammiratori di Joe Biden, né in politica interna né in politica estera. Su questo secondo fronte, dalle aperture all'Iran alla precipitosa fuga dall'Afghanistan, Biden ha purtroppo trasmesso alle potenze autoritarie un drammatico quanto palpabile senso di debolezza americana. E si sa, quando il guardiano appare meno robusto o più distratto, gli altri (da Pechino a Mosca a Teheran) ne approfittano. La storia degli ultimi due-tre anni parla fin troppo chiaro.

Eppure perfino il fragile Biden che abbiamo imparato a conoscere ha avuto un sussulto, nel novembre 2023, sfuggendo per un istante al suo staff che – da anni – lo corregge, lo guida, e non esita perfino a «precisare» (stavo per scrivere: «smentire») alcune sortite dell'anziano presidente. Sta di fatto che, dopo un incontro con il presidente cinese Xi Jinping, parlando in conferenza stampa, Biden lo ha bollato come «dittatore», aggiungendo: «È un dittatore nel senso che governa un Paese comunista, basato su una forma di governo totalmente diversa dalla nostra».

Formalmente, è una smagliatura diplomatica: se incontri un leader, non ti metti ad apostrofarlo qualche quarto d'ora dopo la fine del summit. Ma sostanzialmente, per una volta, si tratta di una boccata d'aria fresca, che almeno trasmette la sensazione della consapevolezza di una diversità assoluta, mandando al macero i comunicati scritti nella lingua di legno dell'ipocrisia.

Naturalmente, in un Occidente che ormai odia sé stesso e si scusa perfino della propria esistenza, la parola usata da Biden ha suscitato un vespaio. Ma – verrebbe da dire – meno male: meno male che il leader del mondo libero la pensi e si esprima così; meno male che almeno a Washington non abbia ancora del tutto dilagato la deriva filoautoritaria che qui in Italia, ad esempio, unisce ampi pezzi di sinistra e dei Cinquestelle (e pure qualche spezzone di destra politica, giornalistica e culturale). Non dimentichiamo mai che – sia in Italia sia in Ue – lo stesso Pd si è rifiutato di votare l'equiparazione tra nazifascismo e comunismo.

Ecco, pur nella sua estemporaneità, quella battuta di Biden appare quasi liberatoria, in mezzo a mille motivi di sconforto troppo spesso sottovalutati: la mancanza di consapevolezza da parte di numerosi leader occidentali (per non dire di media, intellettuali ed élite) su quanto il nostro sistema di valori sia sotto attacco; la pervasività e la profondità della minaccia che viene dalle potenze autoritarie, che sono anche state capaci di penetrare efficacemente nel nostro dibattito pubblico, contando su molteplici quinte colonne e cavalli di Troia; un'Europa oscillante tra l'irrilevanza e il malcelato desiderio di alcuni attori di ritagliarsi un ruolo ambiguamente «terzo» tra Nato e potenze asiatiche.

Contro tutto questo, servirebbe un po' di reaganismo, o almeno il ricordo di ciò che consentì la vittoria nella Guerra Fredda: avere chiara la bussola dei princìpi di libertà e democrazia, e puntare sull'arma decisiva della deterrenza. Quest'ultimo, come abbiamo già ampiamente visto, è un aspetto letteralmente determinante: occorre mostrare plasticamente di poter disporre di un apparato militare più forte rispetto a quello dei «cattivi del mondo». Diceva la signora Thatcher che «il nostro modo di vivere, la nostra visione e tutto ciò che speriamo di raggiungere sono garantiti non dalla giustezza della nostra causa ma dalla forza della nostra difesa»: e ovviamente aveva ragione. E invece il paradosso è che da qualche anno, in un clamoroso rovesciamento delle parti, sono le potenze autoritarie a mostrarci in diversi teatri la loro forza sul campo. Testano i nostri riflessi: e c'è da temere che li trovino spesso lenti, inadeguati, lontani da ciò che sarebbe necessario.

Resta comunque qualche motivo di amarezza. Dopo quel vertice con Biden, Xi Jinping organizzò una cena esclusiva con una serie di protagonisti dell'economia Usa: tra le sigle rappresentate c'erano BlackRock, Blackstone, Visa, Pfizer, Qualcomm, Broadcom, e ancora Microsoft, Citigroup, ExxonMobil, Tesla e SpaceX. Accorsero tutti, ricordando l'analoga scena del 2017 a Davos, quando al tiranno cinese fu riservata un'accoglienza letteralmente trionfale, con l'intero *establishment* progressista mondiale in prima fila a spellarsi le mani, a farsi vedere, a farsi intervistare nei giorni successivi, per lasciare a verbale il proprio applauso a Xi come alternativa allo sgradito Donald Trump.

Ecco, tutti costoro faranno bene a ricordare che le loro imprese sono nate, vivono e prosperano proprio grazie all'Occidente e all'ordine liberale: concetti forse in crisi, certamente pieni di difetti, bisognosi di cura, di un continuo rammendo. Ma si tratta di princìpi che non possono essere dimenticati né – meno che mai – rinnegati o svenduti.

E invece? E invece – alcuni consapevolmente, altri con inconsapevole sciatteria – da troppe parti si vuole la resa, e le si dà eufemisticamente il nome di «pace». Cominciò Barack Obama con la sua catastrofica teoria, quando era presidente, del «*leading from behind*», per non dire del giro del mondo (gli avversari lo definirono efficacemente: «*apology tour*») quasi con l'obiettivo di scusarsi per le nefandezze vere-presunte-passate-presenti dell'Occidente. Non ha perso il vizio: perfino dopo gli eventi del 7 ottobre e la conseguente crisi mediorientale, l'ex presidente si è abbandonato ad attorcigliate considerazioni improntate al «siamo tutti colpevoli».

La realtà è che, all'opposto di Reagan, troppi oggi non vogliono più vincere: semmai, è tutto un combattere con le mani legate, di volta in volta lesinando gli aiuti all'Ucraina o trattenendo Israele o facendo il minimo del minimo in Mar Rosso.

In questo senso, ha destato sensazione un episodio della scorsa estate in Normandia, in occasione dell'anniversario dello sbarco alleato che aprì la fase finale della Seconda guerra mondiale. Potremmo dire che l'unica cosa rimasta identica è una scogliera carica di memorie insanguinate, quella di Pointe du Hoc, che il 6 giugno del 1944 fu teatro delle gesta eroiche dei ranger americani sotto il fuoco delle mitragliatrici e dei cannoni nazisti. Quei ragazzi (erano 225, dopo due giorni di combattimenti ne rimasero appena 90) posero materialmente le basi per il successo di un'operazione di drammatica difficoltà, e quindi per la liberazione dell'Europa.

Quarant'anni dopo, nel 1984, proprio lì Ronald Reagan scelse di pronunciare uno dei suoi discorsi più emozionanti: più ancora che contro l'isolazionismo, a favore dell'eccezionalismo americano, chiamato a tenere alta – sempre e in ogni luogo possibile – la fiaccola della libertà e del contrasto all'oppressione.

Dopo altri quarant'anni, nel giugno scorso pure Joe Biden ha deciso di parlare da quella scogliera: e – va detto – si è trattato di un buon discorso, che gli fa onore. Eppure almeno quattro ragioni fanno ritenere che le parole di Reagan, a suo tempo, fossero forti in quanto credibili, diversamente da quelle di Biden.

Primo. Reagan, nel giugno del 1984, stava per concludere un primo quadriennio di presidenza letteralmente trionfale, e si avviava, nell'autunno successivo, a una conferma elettorale larghissima. Riguardate su YouTube lo spot di quella campagna («*It's morning again in America*», cioè «È di nuovo giorno in America»), tutto centrato su una speranza che riprende corpo: imprese che aprono, famiglie che si formano, bimbi che nascono. Reagan aveva già approvato il primo dei suoi megatagli fiscali (1981) e stava impostando quello di due anni dopo (1986). Con essi (e con la vertiginosa discesa dell'aliquota fiscale massima sulle persone dal 70 al 28%!), si sarebbe registrato il passaggio da una crisi economica profonda a un'esplosione senza precedenti di crescita, ricchezza e occupazione: l'ultimo trimestre del 1981, prima della «cura», si era chiuso con un tasso di crescita (cioè di non crescita) del –4,9%; dopo la «cura», inizia una stellare ripresa di lungo termine che dal 1983 arriverà a produrre il +4,9% nel 1986, il +7,6% nel 1987, il +7,7% nel 1988!

Il Reagan che parlava nel 1984 era nel pieno di quella corsa meravigliosa. Il Biden di giugno scorso era invece a fine corsa, guidava un'America divisa e incattivita, e nella quale i dati di crescita – pur numericamente discreti, anzi buoni – non trasmettevano l'idea di un'avanzata economica robusta e sostenuta.

Secondo. Reagan non era giovane di età (nel 1984 aveva settantatré anni), ma era intellettualmente vigoroso, capace di sorridere e creare empatia tanto quanto di sferzare gli avversari. La sua capacità oratoria rimane leggendaria. È impietoso paragonarlo a un Joe Biden che mostra segni sempre più evidenti di stanchezza: il report della scorsa primavera del *Wall Street Journal* sulle sue difficoltà psicofisiche è stato imbarazzante, tanto quanto le immagini di un presidente Usa che, pure nella trasferta francese in Normandia, cercava sedie inesistenti per accomodarsi o pareva salutare amici immaginari.

Terzo. Nel 1984, nel mondo, la libertà era in piena avanzata: «*Freedom is on the offensive*» amava dire Margaret Thatcher, altra epica protagonista di quella fase. Oggi – ahinoi – è vero esattamente il contrario, come abbiamo visto all'inizio di questo libro citando il rapporto *Freedom in the world 2024* elaborato da Freedom House.

E si arriva qui alla quarta e ultima sconsolata osservazione. Tutto questo i tiranni lo sanno fin troppo bene, da Pechino a Teheran, passando per Mosca, così come lo sanno le centrali del terrore islamista. Reagan voleva davvero vincere contro l'Urss, e ci sarebbe riuscito: proprio il riarmo Usa, una spettacolare ed esemplare applicazione della strategia della deterrenza, schiantò l'Unione Sovietica, fino all'esito del 1989. Andò effettivamente così: e risultò convincente in primo luogo perché lui stesso ne era convinto.

Non si può certo dire lo stesso delle attuali leadership occidentali (con rare eccezioni). E se devono suscitare diffidenza quei politici che – in troppe capitali europee – strizzano l'occhio agli autocrati, almeno altrettanta preoccupazione deve sorgere a causa dei massimi leader dello schieramento atlantico che dicono cose giuste nei giorni delle grandi commemorazioni, ma poi – nel concreto – non sembrano in grado di dar seguito a quegli annunci. Non sono creduti dalle loro opinioni pubbliche proprio perché non sono credibili. E – semmai – c'è da provare imbarazzo nell'immaginare le grasse risate che si saranno fatti Xi Jinping e Putin nel loro incontro dello scorso maggio: risate su un Occidente diviso, confuso, retorico e in ultima analisi non autorevole. Un triste incoraggiamento per loro, sull'orribile strada del rafforzamento delle autocrazie e di quella che dobbiamo iniziare a chiamare l'era della «non-libertà».

E invece, è come se in questi due-tre anni non avessimo imparato alcuna lezione. Lo stesso papa Bergoglio sull'Ucraina chiede la resa degli aggrediti, mentre a Gaza equipara democrazia israeliana e terrore islamista («due irresponsabili»). Monaco '38 è sempre dietro l'angolo: nel ventesimo secolo caddero nell'illusione dell'*appeasement* anche grandi politici come Daladier, Laval e Chamberlain. Un secolo dopo, è certamente vero che ogni tesi è legittima e che può essere saggio cercare un'*exit strategy* da avventure militari senza sbocco (in un caso, non certo a Gaza): se ne può discutere, ma ciò che avvilisce è l'atonia morale di chi non distingue più. Tutto uguale, tutto intercambiabile, vittime e aggressori, democrazie e terroristi. Tristezza profonda.

Di più: ci si compiace nel sostenere la tesi di una «vittoria impossibile» (cosa che dovrebbe indurci a una resa più o meno mascherata). Peggio: non riusciamo quasi a concepire l'idea di una vittoria, sia sul campo sia morale-culturale. E non ci rendiamo conto di come l'obiettivo dei nostri nemici sia proprio la Nato, che ovviamente sperano di disarticolare, e che non a caso è la bestia nera dei portavoce occidentali (stavo per scrivere: degli «altoparlanti») di Teheran-Mosca-Pechino.

I nostri eserciti sono costantemente criminalizzati: si richiede loro di non commettere mai nemmeno il minimo errore, mentre – con surreale manica larga – il metro di giudizio è sempre generoso verso autocrazie e terroristi, le cui mosse insanguinate sono oggetto, se non di giustificazione, per lo meno di sistematica comprensione.

In questo contesto si è inserito, qualche tempo prima (per l'esattezza nel marzo scorso), un atroce episodio terroristico a Mosca: come ricorderete, quattro persone in mimetica sono entrate in un auditorium dove era programmato un concerto e hanno fatto fuoco, procurando un orrendo eccidio (139 morti).

Uno che se ne intendeva come Winston Churchill spiegò a suo tempo – e la definizione rimane inarrivabile per dolorosa profondità – che la Russia è «un rebus avvolto in un mistero ricompreso in un enigma».

A maggior ragione, quindi, suscitano un misto di preoccupazione e pena quelli che (non essendo Churchill, peraltro...) sono convinti di avere in tasca certezze assolute su quell'attentato. Purtroppo, l'unica certezza sta nel numero enorme di vittime e di feriti provocato da quell'azione terroristica.

Tutto il resto appartiene a un'imperscrutabile combinazione di vero-verosimile-finto-falso alla quale hanno contribuito per settimane diversi attori, con scopi a loro volta oscuri. Né soccorre il metodo del «*cui prodest*», cioè dell'individuazione su basi razionali di chi potesse avvantaggiarsi di un certo evento. A volte le cose possono essere effettivamente spiegate attraverso questa chiave, ma a volte no, in particolare quando si entra nel gioco di specchi delle simulazioni e delle dissimulazioni. E in ogni caso – verità inafferrabili a parte – rimane il tema dell'uso politico che ogni attore ha deciso di fare di quella sanguinosa circostanza, sfruttandola per i propri fini.

È credibile ad esempio la rivendicazione dell'Isis? Certamente si tratta di un antico nemico della Russia putinista, e di un soggetto interessato sia a vendicarsi sia a innescare dinamiche di destabilizzazione. Dunque, è un punto di partenza solido. Del resto, nel giugno successivo, altri orribili attentati di marca fondamentalista in Daghestan hanno confermato l'esistenza di un rilevante problema islamista e la volontà di segmenti dell'Isis di colpire in territorio russo.

Ancora: è attendibile l'indagine che, a ritmi serrati, è stata condotta dall'intelligence russa, e che ha portato agli arresti istantanei di undici persone, tra cui quattro possibili attentatori? Può darsi di sì, ma tutto va naturalmente preso con le molle: sia perché Putin, che tiene alla sua immagine di uomo capace di garantire la sicurezza dei suoi concittadini, è stato indubbiamente danneggiato dalla notizia di un attentato nel cuore del Paese, e dunque ha avvertito la necessità spasmodica di «risolvere il caso»; sia perché è stata evidente (su basi fragilissime, per non dire inesistenti) la fretta di Mosca nel coinvolgere Kiev, ad esempio ipotizzando che i colpevoli intendessero fuggire verso l'Ucraina.

E allora si arriva al cuore del problema: tra vero-verosimile-finto-falso, è scontato che al Cremlino si sia tentato di tutto per scaricare sull'Ucraina responsabilità dirette o indirette, e dunque per giustificare un'escalation, un inasprimento dell'offensiva, una feroce rappresaglia.

E qui scatta il nodo più doloroso, tornando alla questione generale. Davanti a circostanze e prospettive così incerte e così cupe, sarebbe massimamente necessario – per il mondo e per il nostro Occidente – disporre di una leadership americana al suo meglio. Diciamolo in termini che non piaceranno a chi cova antichi e radicati sentimenti antiatlantisti: servirebbe un guardiano del mondo forte, autorevole, credibile, e pure in certa misura temuto. Purtroppo, per ragioni che sono a tutti evidenti, non è questa la situazione in cui si trova Joe Biden.

In questo 2024, se possibile, la situazione è perfino peggiorata: gli Usa bideniani stentano a supportare adeguatamente l'Ucraina, esitano (per non dire: balbettano) nel Mar Rosso, lavorano in Medio Oriente per frenare Israele. Una ritirata morale generalizzata.

E questa propensione alla timidezza, alla paralisi decisionale, al gioco di rimessa, si è ovviamente accentuata nella lunghissima marcia di avvicinamento alle elezioni presidenziali americane di novembre.

E poi chi sarà il nuovo presidente? Se fosse ancora un democratico, ci ritroveremmo pari pari nella semiparalisi attuale. Se invece fosse Donald Trump, saremmo in una situazione totalmente non prevedibile. Per inciso, imprevedibile («*unpredictable*») è esattamente la definizione che l'allora candidato Trump diede nel 2016, in una lunga intervista rilasciata all'*editorial board* del *Washington Post*, per descrivere le caratteristiche della sua futura politica estera.

E aveva detto il vero, va riconosciuto. Nei suoi quattro anni alla Casa Bianca, infatti, non sempre predicò bene, ma in compenso razzolò benissimo. Non uno dei «cattivi» del mondo, durante il suo mandato, guadagnò posizioni; l'operazione «Accordi di Abramo», in Medio Oriente, fu eccellente e capace di coinvolgere Gerusalemme e Riad isolando saggiamente Teheran (purtroppo, come si sa, Biden avrebbe poi smontato tutto). Con Trump, l'America ha eliminato con operazioni mirate Al-Baghdadi e Soleimani, pure la Corea del Nord è stata tenuta a bada, e – su un altro piano – per la prima volta la Cina è stata per lo meno messa sull'avviso sul tema della concorrenza sleale. E anche rispetto alla Russia, i comportamenti reali di Trump sono sempre stati assai migliori dei suoi discorsi: è stato Trump a criticare la Germania e l'Ue per la loro eccessiva dipendenza dal gas di Mosca (e aveva ragione lui); è stato sempre Trump a rifornire saggiamente Kiev degli efficacissimi missili Javelin; ed è stato ancora Trump a spiegare a Bruxelles-Parigi-Berlino che non potevano permettersi ambiguità e posizionamenti «terzi» tra Occidente e potenze eurasiatiche.

Certo, Trump è stato inseguito per anni dalle ombre del Russiagate, cioè di una presunta collusione con Mosca: ma quelle accuse sono rimaste senza prove, e i suoi comportamenti alla Casa Bianca sono stati limpidi. Non altrettanto si può dire – purtroppo – di alcuni suoi recenti interventi in questo 2024, in cui la (fondatissima) critica a Biden e ai leader occidentali è talora sconfinata in un (non condivisibile) ammiccamento a Putin. Pirandellianamente parlando, dunque, quale tra i molti Trump possibili può vincere il prossimo novembre? Di nuovo, non possiamo saperlo.

Potrebbe (e sarebbe davvero auspicabile, oltre che coerente con il suo sacrosanto desiderio di contribuire alla conclusione delle ostilità) concretizzare e finalizzare l'offerta all'Ucraina dell'ingresso nella Nato: insomma, dolorose rinunce territoriali in cambio di un grande ombrello protettivo per il futuro. Oppure (e sarebbe ben più deludente) potrebbe muoversi conformemente ai desideri di Putin: stop ai finanziamenti all'Ucraina, contestuale fotografia delle conquiste russe sul terreno, e nessuna futura protezione Nato per Kiev. In fondo anche lui si troverà davanti al bivio che abbiamo più volte descritto in questo libro: pace tramite deterrenza (bene) o invece tramite cedimento e *appeasement* verso i tiranni (male).

E – più complessivamente, non solo per ciò che riguarda la politica estera – siamo di fronte a quello che potremmo chiamare il «dilemma Trump». Questo suo modo non convenzionale di porsi, questo stare sempre fuori dagli schemi, questa sua maschera da *tough guy*, da tipaccio, che cos'è? È il (per alcuni di noi doloroso) preannuncio dell'archiviazione definitiva del conservatorismo tradizionale, cioè di un conservatorismo nutrito di spirito liberale, o è un estremo e intelligente modo di «salvarlo» (almeno in parte e nei limiti del possibile) nei nostri tempi complicati? Una commentatrice acuta come Sherelle Jacobs sul londinese *Telegraph* ha usato quest'estate un'espressione a forte rischio di venire equivocata e presa come un insulto (*gangster conservatism*), ma che era invece un atto di realismo e di ottimismo al tempo stesso: l'eredità conservatrice, nell'era del populismo, può forse essere trasmessa soltanto a (e da) leader connessi con lo spirito del tempo, e quindi irregolari e un po' sgomitanti. Ma capaci di vincere.

In ogni caso, tornando al presente americano in attesa del voto, eccoci un'altra volta in mezzo al guado, alle prese con le incertezze e le fragilità di Biden. Il quale non sembra avere né la forza o la volontà per assistere Kiev in modo tale da consentire agli ucraini di non perdere troppo terreno sul campo; né la convinzione per farsi promotore di un accordo di pace che non premi eccessivamente gli aggressori russi; né la credibilità per evitare che una serie di altri attori (dalla Turchia alla Cina all'Arabia Saudita) cerchino variamente di trarre vantaggio da una situazione di caos crescente in diversi teatri. *Mala tempora currunt, peiora parantur.*

Intanto, mentre consegno queste pagine, siamo nel pieno di una campagna elettorale americana incertissima, e profondamente segnata da una condanna giudiziaria – assai discutibile nella sua tempistica e nelle sue modalità – contro Donald Trump.

Noi italiani arriviamo assolutamente preparati a questa versione statunitense di una nostra specialità nazionale, ovvero l'uso politico-elettorale della giustizia. Cos'è infatti la vicenda Trump, nel senso dell'attacco per via giudiziaria a un avversario politico, se non la trasposizione sulla scena americana di un *format* largamente sperimentato in Italia contro Silvio Berlusconi?

Lo schema è stato collaudato qui: non si riesce a sconfiggere un avversario in campo aperto? E allora lo si aggredisce attraverso inchieste e processi. Questo armamentario è stato esportato negli Usa come un prodotto *made in Italy*, ed è adesso sparato con impressionante violenza contro Trump. Il quale reagisce da par suo, con dichiarazioni di eccezionale durezza, ma – va detto – assolutamente motivate nell'indignazione che le anima.

A essere ottimisti, si può sostenere che, dopo la sentenza che lo ha colpito, Trump sia stato «condannato» ad altri quattro anni di presidenza, nel senso che molti americani potrebbero essersi ulteriormente convinti di doverlo sostenere il prossimo novembre. Anche se è veramente complicato valutare l'effetto elettorale profondo della condanna: se scalderà il cuore degli elettori trumpiani o se scoraggerà i potenziali indecisi.

Ma, a essere pessimisti, c'è da temere – qualunque sia l'esito delle urne presidenziali – la situazione del giorno dopo, quando pare altamente improbabile, a questo punto, che lo sconfitto riconosca la legittimità del vincitore. Si è accusato Trump, non senza ragioni, di essere stato lui il primo a non aver accettato il verdetto del 2020 (pure gravato da pesantissime ombre sul voto postale), e certamente la manifestazione del 6 gennaio 2021 a Capitol Hill, sfuggita di mano allo stesso *tycoon*, resta una pagina scura nel romanzo della sua avventura politica. E non c'è dubbio che tuttora Trump, per il suo linguaggio e i suoi toni (lontanissimi dal «sole in tasca» berlusconiano), si muova su un crinale rischioso: chiunque assista a un suo comizio torna a casa «*ready to fight*», pronto alla battaglia, non certo a un pacato confronto con i portatori di opinioni diverse.

Ma – attenzione – non facciamoci ingannare dal racconto progressista: è soprattutto la sinistra a raccogliere ciò che essa stessa semina da anni, con campagne selvagge di demonizzazione, ora aggravate dall'uso del bazooka giudiziario. E questa operazione delle toghe contro Trump, essendo palesemente animata da connotati politici, non potrà che peggiorare la situazione, incendiando il clima e creando altro risentimento.

Chi può credere alla serenità di un procuratore come Alvin Bragg finanziato da Soros al momento della sua elezione (quando già prometteva di perseguire Trump) o alla terzietà di un giudice come Juan Merchan, progressista a sua volta, che ha usato ogni espediente per orientare la giuria in direzione antitrumpiana?

In questo senso, è come se gli inquisitori dell'ex presidente (a maggior ragione quando usano accuse fragili e perfino pretestuose per incriminarlo e condannarlo) non si curassero degli effetti dirompenti che stanno contribuendo a scatenare, delle conseguenze politiche e sociali del loro operato.

Cosa intendo dire? Anche politologicamente, è ormai vasta la produzione saggistica sulla «polarizzazione», cioè su un'estrema avversione tra le parti, su un dibattito pubblico sempre più lacerante. Ma qui – con l'assalto giudiziario contro Trump – siamo già oltre. E cosa c'è oltre la polarizzazione, qual è il passaggio successivo? C'è un concetto ben noto nella storia e inquietante per definizione: una sorta di «guerra civile» (per ora strisciante e non ancora conclamata), un rifiuto radicale dell'idea stessa di poter essere governati dall'«altro», dal «nemico», cioè da Trump.

Il fatto che sia Joe Biden in persona ad attizzare il fuoco è elettoralmente facile da spiegare: l'attuale inquilino della Casa Bianca sa che le probabilità di conferma alla presidenza di un democratico sono proprio legate alla creazione di una mobilitazione nazionale antitrumpiana, a un clima da Annibale alle porte. Ma tutto questo non fa che versare altra benzina sul fuoco. E, a dispetto delle apparenze (che giocano contro il «cattivo» Trump), i veri piromani sono proprio i progressisti: politici, giornalisti, magistrati. Per lo più orientati a senso unico: e anche su questo punto in Italia non abbiamo bisogno di particolari spiegazioni. Arriviamo preparatissimi.

* * *

Esistono due forze superiori, due entità ostili contro le quali anche un politico esperto-abile-navigatissimo non può opporre alcuna resistenza: si tratta dell'abbattersi dell'onda del ridicolo su di sé, e dell'elevarsi del suo avversario alla dimensione del mito, del simbolo, della leggenda. Davanti anche a una sola di queste due evenienze non c'è difesa, non c'è ombrello possibile. Ecco, a un Joe Biden già barcollante di suo (in tutti i sensi) le due sciagure sono capitate entrambe e a stretto giro di posta, tra il 27 giugno e il 13 luglio scorso.

Alla prima data verremo più tardi, capovolgendo l'ordine cronologico: si tratta del catastrofico faccia a faccia tra l'inquilino della Casa Bianca e Donald Trump, terminato con un ignominioso KO tecnico a danno di Biden. La seconda data è invece quella dell'attentato avvenuto contro Trump durante un comizio in Pennsylvania.

Le immagini le abbiamo tutti ancora negli occhi: Trump che parla, poi all'improvviso l'inconfondibile suono di colpi di arma da fuoco, l'ex presidente che si tocca l'orecchio e finisce sotto il podio. Poi si rialza e, mentre la *security* cerca di metterlo in salvo, lui – con il viso rigato dal sangue e una bandiera americana sullo sfondo – si rivolge agli agenti (*Wait! Wait!*), leva il pugno destro al cielo, e incita la folla (*Fight! Fight! Fight!*). E il suo popolo risponde con un commovente coro «Usa! Usa!».

Capite bene che, in un fazzoletto di secondi, non solo Trump ha evitato la morte che lo ha letteralmente sfiorato (sarebbe bastato un movimento della testa di pochi centimetri per essere centrato dalle pallottole), ma si è ritrovato consegnato a una dimensione metapolitica: quella dell'eroe scampato a un agguato, del leader coraggioso che preferisce parlare alla sua gente prima di mettersi definitivamente al sicuro. È perfino imbarazzante paragonare questa scena cinematografica alla condizione di un Biden ridotto – come vedremo tra poco – in condizioni psicofisiche penose.

Di certo, l'attentato contro Trump non sorprende chi abbia letto questo libro fino a ora: le pallottole partite in Pennsylvania sono per molti versi la «naturale» prosecuzione, la prevedibile conseguenza di una campagna di demonizzazione ossessiva in corso da anni contro il *tycoon*. Per restare al parallelo con l'Italia evocato poco fa, in un'atmosfera del genere Berlusconi rimediò una statuetta in faccia, mostrando al mondo il suo volto sanguinante; a Trump è toccata una sorte ancora peggiore.

E in questo senso – se possibile – ancora più inquietante dell'attentato contro di lui è stata, nelle ore successive, l'operazione di offuscamento e di attenuazione, e in qualche caso perfino di implicita negazione dei fatti, messa in campo dalla sinistra mediatica sia negli Stati Uniti sia in Italia, con punte surreali e a tratti involontariamente comiche. L'imbarazzo mescolato con la faziosità politica genera questo tipo di cocktail.

Ecco il *Washington Post* subito dopo gli spari: «Trump portato via dopo forti rumori al comizio». Quindi la persona rimasta uccisa (come ricorderete, morì uno spettatore) sarà morta per il fracasso? Non da meno il sito della Cnn: «I servizi segreti lo portano via dal palco dopo che Trump è caduto al comizio». Una scivolata, insomma. E il *New York Times*? «Sono stati uditi scoppi che suonavano come colpi di pistola.» Avete letto bene: «suonavano come». Il sito Politico non si è accontentato nemmeno di vedere il volto insanguinato di Trump: «Appariva ferito». Appariva. Per la Cbs i colpi erano «*possible shots*»: possibili, mica certi. Ancora più bizzarra la ricostruzione fornita da Axios, secondo cui il ferimento di Trump sarebbe stato determinato nientemeno che dai pezzi di vetro del gobbo elettronico, mica dal proiettile.

Prove sensazionali di racconto fantasy sono venute anche da singole e teoricamente autorevoli firme. Secondo Tom Winter di Nbc questo «può essere stato un serio attentato alla vita di Trump». Mi raccomando: «può», non di più. Per James Politi del *Financial Times*, Trump è stato portato via «dopo un incidente».

E perfino il giorno dopo, a molte ore dai fatti, ancora molte testate mostravano di avere notevoli problemi a fare i conti con la realtà. Ecco l'edizione europea del già citato Politico: «Trump sopravvive a un apparente tentativo di assassinio». E «apparente» è stato lo stesso incredibile aggettivo usato pure dall'Associated Press.

Si dirà che alcuni di questi media potrebbero aver scelto di essere cauti subito dopo i fatti, in attesa di verificarli meglio. Peccato però che si tratti degli stessi siti, giornali e tv che, il 6 gennaio 2021, già dai primi momenti del famigerato assalto al Campidoglio di Washington, non ebbero dubbi nello sparare a palle incatenate contro Trump. Dunque, se e quando Trump può essere lapidato, lo si fa immediatamente e senza alcuna esitazione; se invece è lui la vittima, allora è meglio aspettare e nel frattempo puntare su ricostruzioni vaghe e fumose. Curioso doppio standard, no?

E qui in Italia? Se possibile è andata ancora peggio che negli Usa. Per Walter Veltroni (*Corriere della Sera*), in un articolo probabilmente scritto prima dei fatti ma inequivocabilmente pubblicato come editoriale post attentato, il giudizio su Trump è testualmente il seguente: «Un magnate spregiudicato e aggressivo, ignaro o avverso alla sostanza della democrazia». Poi arriva la serie di coloro che temono che l'episodio possa giovare a Trump. Ecco l'ineffabile Roberto Saviano: «La storia politica insegna che il proiettile che manca il bersaglio lo rafforza». Insomma, Saviano si duole del fatto che l'attentato abbia «trasformato Trump in vittima». La pensa così anche Myrta Merlino: «Nella violenza muore la democrazia. E inoltre adesso Trump è una vittima. Male, molto male».

Non manca chi spiega che la colpa, gira e rigira, è proprio del puzzone Donald. Ecco l'acchiappafascisti Paolo Berizzi (*Repubblica*): «Trump è rimasto vittima della spirale di violenza che lui stesso ha creato e che alimenta da anni». A un certo punto, si è lamentata per aver subito una *shitstorm* sui suoi canali social Marta Ottaviani, la quale aveva soavemente commentato i fatti così, a caldo: «Dite quello che volete, ma questo "attentato" a Trump puzza di preparato da lontano un miglio». Notevole la scelta di mettere la parola attentato tra virgolette. Gran finale con la prima analisi di Limes: «Il rischio principale dell'attentato a Trump è come reagirà la galassia di estremisti che gli ruota attorno». Trovati i colpevoli, dunque: Trump e i suoi tifosi. Il caso è chiuso per i progressisti nostrani, come pure per quelli statunitensi.

Al quadretto è mancato solo che l'attentatore venisse definito un «poeta», come i giornali chic avevano qualificato, un paio di mesi prima, lo sparatore che aveva cercato di assassinare a Bratislava il primo ministro slovacco Robert Fico. Si sa, in un mondo normale, di minima onestà intellettuale, un aggressore – qualunque aggressore violento – sarebbe sempre qualificato come un omicida, come un assassino, punto e basta. E invece? E invece, quando la vittima è un soggetto sgradito contro cui si può fare qualunque cosa, può perfino accadere che la pietà venga riservata al terrorista. E così, nel caso dello sparatore slovacco, abbiamo dovuto leggere ritratti a colori pastello, con sottofondo di violini, per spiegarci che sì certo, sparare non è una cosa bella, però in questo caso chi l'ha fatto è un'anima sensibile e poetica, un letterato lontano dalla violenza. Non era mancato, in quel caso, nemmeno un nobilissimo paragone con Majakovskij. Variava solo un piccolo dettaglio, chiamiamolo così: quello si suicidò, quest'altro invece ha cercato di far secco un premier detestato.

Ma non divaghiamo e torniamo agli Usa, dove l'emozione creata dall'attentato a Trump ha finito per offuscare l'altra disgrazia capitata a Biden un paio di settimane prima, e cioè il suo catastrofico dibattito tv del 27 giugno scorso con l'ex *tycoon*.

Cosa resta a margine di quel naufragio in mondovisione? E cosa rimane oltre la scena patetica (metà cinica e metà straziante) della moglie Jill che, a catastrofe avvenuta, lo elogia per aver risposto a tutte le domande (*«You answered every question»*), come una mamma troppo scema (o troppo furba) farebbe con il suo bimbo tonto?

In realtà, la Caporetto era ormai conclamata. Anzi, era evidente a tutti sin dal primo minuto di gioco: da una parte, un Trump tonico e perfino autocontrollato (circostanza tutt'altro che scontata); dall'altra, un Biden completamente bollito, barcollante, a tratti assente, e sempre farfugliante. La fine del match per KO tecnico è stata certificata quando Trump, dopo un intervento di Biden ancora più confuso e imbarazzante degli altri, lo ha infilzato così: «Non so davvero cos'abbia detto, e penso che non lo sappia nemmeno lui».

Sta di fatto che, pochi minuti dopo il massacro, è partita verso il vecchio Joe – sul lato democratico – una tambureggiante richiesta di farsi da parte, favorendo la scelta di un altro candidato dem. Mentre consegno all'editore queste pagine, la questione è stata sciolta solo a metà, nel senso che il pressing pro ritiro è via via cresciuto fino a farsi insostenibile per il povero Biden. E infatti la sua fragile diga è crollata domenica 21 luglio, con la rinuncia ufficiale alla corsa per la rielezione (mantenendo tuttavia la carica di presidente).

Intendiamoci, la sua rinuncia era tutt'altro che dovuta: era lui il presidente uscente, ed era sempre lui ad aver vinto le primarie (per quanto largamente formali). Non solo: il partito democratico è un nido di vipere, e in questi anni è stato tenuto insieme solo perché la cinica operazione orchestrata a suo tempo da Barack Obama consisteva nell'usare il «nonno buono» (cioè Biden, agli occhi dei democratici) contro il «nonno cattivo» (cioè Trump, sempre visto da sinistra). Quindi, sostituire in corsa il vecchio Joe avrebbe comportato (e comporterà) un elevato rischio di riaprire – presto o tardi – vecchie ferite.

Sta di fatto che la sera della sua rinuncia, Biden ha affidato ai canali social un pieno *endorsement* a favore della sua vice Kamala Harris. A onor del vero, se Biden avesse voluto blindarla del tutto, si sarebbe dovuto dimettere anche da presidente, facendola subentrare direttamente alla Casa Bianca. E a quel punto scalzarla dalla candidatura alla rielezione sarebbe stato pressoché impossibile.

Ma è l'orgoglio che deve aver guidato Biden, a cui la concessione dell'uscita di scena dalla corsa elettorale deve essere parsa più che sufficiente come sacrificio. Certo che però – in questo modo – si è esposto clamorosamente all'accusa che già prima del suo annuncio gli era stata mossa a muso duro dal vice di Donald Trump J.D. Vance: «Se Biden pone fine alla sua campagna per la rielezione, come può giustificare il fatto di rimanere presidente?» E ancora: «Non correre per la rielezione sarebbe una chiara ammissione del fatto che aveva ragione Trump sul fatto che Biden non fosse nelle condizioni psicofisiche per servire come Commander in Chief. Non c'è via di mezzo».

Il quadro è risultato poi aggravato dal fatto che la prima beneficiaria naturale dell'operazione, la citata Kamala Harris, è impopolare, pasticciona, e si è rivelata catastrofica nella gestione dei dossier a lei affidati in questi anni (a partire dall'immigrazione).

Morale: mentre consegno queste pagine, non posso sapere quale dei due seguenti scenari si sarà realizzato, per quanto il primo appaia decisamente più probabile del secondo. Il primo scenario prevede che – per amore o per forza – il partito finisca per accettare largamente e senza troppe polemiche la candidatura di Kamala. A favore di questa ipotesi milita il fatto che un'ulteriore faida affosserebbe ancora di più la già barcollante campagna dem; contro, gioca però l'impopolarità e l'inadeguatezza di Kamala. Poniamo che il partito scelga di dirle di sì. Se prevalesse la linea pro Kamala, la partita si sposterebbe sul *running-mate*, cioè sul candidato o la candidata da affiancare alla Harris come vice (realisticamente un governatore o una figura percepita come più moderata di lei). Ed è sulla scelta di quel nome che dovrebbe realizzarsi un patto, una convergenza tra i vecchi «pupari» dem (il clan Obama, il clan Clinton, l'immarcescibile Nancy Pelosi, e così via).

Il secondo scenario – opposto al primo e meno probabile – è che, nonostante l'*endorsement* di Biden, le lacerazioni nel partito non vengano affatto sanate a favore di Kamala. In questo caso, la Harris sarebbe in gara per la *nomination* né più né meno di tanti altri, in una corsa aperta, fratricida e incertissima.

E, agli occhi degli elettori, non so immaginare cosa potrebbe essere peggio: se (primo scenario) dare la sensazione di una soluzione costruita dall'alto o (secondo scenario) offrire lo spettacolo di una mega-rissa, per la gioia di un Trump che a quel punto potrebbe agevolmente indicare la differenza tra la sua campagna tranquilla e il caos in casa degli avversari. Mentre questo volume va in stampa, parrebbe decisamente prevalere il primo schema, con Kamala pilotatissima verso la candidatura e un tentativo di accreditare presso i media amici dei dem (cioè quasi tutti) l'idea di una partita elettorale totalmente riaperta.

Il che, intendiamoci, è assolutamente vero per definizione, e più che mai stavolta. Le elezioni americane sono per antonomasia il regno dell'incertezza, e anche in questo caso saranno probabilmente decise da un pugno di voti in un pugno di Stati. E Kamala potrà contare, da qui al voto, su un supporto mediatico larghissimo, oltre che su una narrazione prevedibilmente tutta a suo favore: l'ex procuratrice contro il «predatore sessuale», la donna nera contro il «maschio bianco prepotente», e così via. Vedremo se saprà approfittarne, e se Trump manterrà o sciuperà l'indubbio vantaggio accumulato fino a questo punto.

Ma, anche a prescindere da questi sviluppi, rimangono sul tavolo le due questioni più grosse. La prima (che fa impazzire di rabbia mezza America) è: ma allora, anche nei quattro anni appena trascorsi, se queste erano le condizioni psicofisiche di Biden, chi è che ha davvero comandato alla Casa Bianca? La risposta la conosciamo tutti: in larga misura, il consigliere per la sicurezza nazionale Jake Sullivan e il segretario di Stato Antony Blinken. E però il guaio sta proprio qui: dai cittadini era stato eletto Biden, mica loro. Mentre in Italia (e ormai si può dire: in Ue) i cittadini sono stati abituati a subire di tutto, ad accettare surroghe tecniche, ad assistere a una sempre più sistematica divaricazione tra il potere (*kratos*) e la sua origine popolare (*demos*), negli Stati Uniti non è così. Il sistema è basato sul rapporto diretto tra elettori e presidente: e l'idea di una torsione anomala per cui l'eletto viene consegnato a «badanti» di origine più o meno tecnocratica, o comunque non dotati di alcuna legittimazione diretta, è impensabile.

Per paradosso, il tema si sarebbe posto in modo ancora più clamoroso in caso di permanenza in corsa ed eventuale rielezione di Biden: chi avrebbe mai potuto credere alla sua tenuta psicofisica per altri quattro lunghissimi anni? Il *Wall Street Journal*, con una malinconica proiezione sull'Occidente delle penultime pagine della vecchia Urss, ha non a caso insistito su quanto abbia pesato – nell'immaginario globale – il declino di Breznev e l'idea che l'Unione Sovietica avesse al suo vertice un uomo che era ormai l'ombra di sé stesso.

La seconda questione non è meno rilevante dal punto di vista del discorso pubblico: la gran parte dei media, degli opinionisti, dei commentatori – fino a poche ore prima di quel fatale dibattito del 27 giugno, al di là e al di qua dell'Atlantico – aveva negato l'evidenza, e anzi ci aveva raccontato la favoletta di un Biden tonico e pimpante. Perfino dinanzi a sequenze imbarazzanti (Biden che saluta amici immaginari, che vaga nel nulla, che cerca sedie inesistenti), era sempre scattata un'incredibile *denial strategy*, una negazione sistematica e pervicace. Tutt'al più, di tanto in tanto, si evocava la stanchezza del presidente, ma dando l'idea che – dopo un riposino – tutto sarebbe tornato a posto. A rompere questo racconto farlocco ha provveduto qualche mese fa il quotidiano conservatore *Wall Street Journal*, raccogliendo plurime testimonianze su un presidente mentalmente assente, non in grado di ricordare né di elaborare informazioni complesse. Il dibattito televisivo di fine giugno ha chiuso il cerchio.

E tuttavia c'è da rimanere basiti, perché già durante la campagna elettorale di quattro anni fa i segni erano evidenti. Un Biden chiuso nel suo ufficio leggeva roboticamente i testi preparati per lui, non di rado pronunciando anche appunti o note a margine (in un caso lesse perfino la formula «*the end*» che indicava la fine del discorso). Insomma, era tutto chiaro ai cittadini comuni: ma, con poche eccezioni, il sistema mediatico fiancheggiatore dei progressisti, sempre pronto ad accusare gli avversari di disinformazione (con annessi e ridicoli *fact-checkers* e *debunkers*), aveva ovattato e tentato di occultare il problema. Ovviamente senza riuscirci: anche perché ogni strategia basata sulla presunzione che i cittadini siano scemi è inevitabilmente destinata a fallire.

* * *

Sta di fatto che, secondo un protocollo ampiamente sperimentato, dopo che il campione pompato dai media progressisti, dall'Inviato collettivo e dal Commentatore unico, è miseramente caduto al tappeto, il passaggio successivo prevede la demonizzazione assoluta del probabile vincitore. È l'ultimo (e chiaramente disperato) *refugium peccatorum*: descrivere l'eventuale vittoria di chi ormai è strafavorito come un evento che procurerà una certa-rapida-devastante Apocalisse.

Inutile girarci intorno. Pugilisticamente parlando, all'angolo Biden il dibattito tv del 27 giugno aveva scatenato il panico. E allora? Mentre si spingeva per la sostituzione del candidato, si è contemporaneamente passati alla *reductio ad Hitlerum* di Trump. Il quale – beninteso – non è una mammoletta: lo sappiamo bene.

Ma demonizzarlo a prescindere è stato assurdo per almeno due fondamentali ragioni. La prima: il volpone Donald è tutto tranne che sciocco o banale. Nel dibattito con Biden, ad esempio, non ha infierito inutilmente. Vedendo che il suo avversario collassava, Trump ha mostrato un notevole autocontrollo, un'autodisciplina che dice molto della sua intelligenza.

La seconda: dietro Trump c'è un popolo immenso, forse mezza America, forse qualcosa in più. E – questo è il modesto interrogativo che vorremmo sottoporre ai demonizzatori professionali – che si fa con questi elettori? Li si scomunica o li si ascolta? E questo andrebbe ribadito a chi, tra Berlino-Parigi-Bruxelles, pensa di agire da Grande Anestesista.

Comunque, la demonizzazione è proseguita selvaggiamente, fino agli spari in Pennsylvania del 13 luglio scorso.

Tutto può cambiare nella politica in generale e in quella americana in particolare: e le campagne elettorali Usa sono imprevedibili per definizione fino all'ultimo istante. Ma, mentre consegno queste pagine, l'ascesa di Trump verso la dimensione del mito – dopo il fallito attentato – ha finito per orientare decisamente verso di lui i pronostici.

Vedremo se la già evocata vicepresidente Kamala Harris (o altri, qualora dovesse registrarsi un ulteriore colpo di scena) saranno in grado di riaprire la partita. L'esito lo scopriremo solo il 5 novembre.

7

In cerca di spiegazioni: il lungo viaggio antioccidentale dei nostri intellettuali e delle nostre élite

Ma alla fine come diavolo si spiega, nelle nostre città, questa ondata di scoperto e perfino provocatorio antisemitismo, che ormai non viene nemmeno minimamente truccato-travestito-ammorbidito?

La finzione («manifestiamo per i palestinesi, non certo per Hamas o contro Israele») è durata pochissimo, lasciando spazio a una spiacevole e imbarazzante verità: una crescente e sfacciata esibizione di ostilità antiebraica di sinistra. Esattamente il contrario (e questo è un discorso su cui occorrerà tornare) dei timori spacciati negli ultimi anni, quando si è da più parti alimentato l'allarme su frange di destra – a ben vedere – marginalissime, inconsistenti, pressoché irrilevanti.

Qualcuno, per spiegare il fenomeno cercando di ridurre al minimo il tasso di imbarazzo progressista, la butta sulla «giustizia sociale». Secondo questa tesi, chi in Europa sente fortemente tale istanza sarebbe naturalmente portato a simpatizzare per i palestinesi, intesi come «soggetto debole», anche finendo per non vedere o comunque per sottovalutare il connotato terroristico di Hamas. Può darsi che questa lettura contenga elementi di verità, ma francamente non mi convince. Tendo a propendere per una spiegazione più grave, più profonda, soprattutto più inquietante.

Anche perché il mero richiamo alla «giustizia sociale» non giustifica gli striscioni tipo «Queers for Palestine» (omosessuali per la Palestina), che sarebbe un po' come se i capretti festeggiassero la Pasqua o i tacchini il Natale. Qualunque persona sana di mente, infatti, sa bene cosa accada alle persone omosessuali in sistemi gestiti da fondamentalisti islamici. Eppure c'è chi sfila nelle capitali europee portando in giro questi slogan surreali.

E allora? E allora bisogna andare più in profondità: siamo all'ultima tappa (l'ultima solo in ordine di tempo) di un lungo viaggio antioccidentale che coinvolge da decenni larghissima parte degli intellettuali italiani e una porzione assai consistente della nostra società.

Non c'è bisogno di ricordare la potente fascinazione esercitata dall'Urss fino al 1989. Oggi in tanti fanno finta di averlo dimenticato, ma il fior fiore dell'*intelligentsia* italiana non ha avuto remore nel prestarsi alla propaganda filosovietica. Poi, dopo la caduta del Muro, è stato necessario mettere in campo strategie di cosmesi, di aggiustamento estetico, ma la sostanza e la mentalità non sono purtroppo cambiate.

Ecco: per tornare alla tragica attualità di questo 2024, l'adesione alla causa palestinese e l'ostilità manifesta verso Israele sono la quintessenza (starei per dire: l'applicazione ideale, la *killer application*) di questo approccio. Cos'è infatti Israele se non la migliore realizzazione (l'unica in Medio Oriente) del modello basato sul mix tra capitalismo e liberaldemocrazia? È quello il binomio detestato da una porzione (temo maggioritaria) della sinistra italiana: e dunque l'attacco a Gerusalemme è perfettamente nelle corde di intellettuali, politici e militanti di quell'area. Quando poi a guidare il governo israeliano è un nemico politico come Benjamin Netanyahu, il gioco è ancora più «naturale».

Per alcuni versi – e qui, me ne rendo conto, lo scandalo intellettuale e l'indignazione di alcuni saranno massimi nel leggermi – il punto è che contro gli ebrei, anzi contro l'«ebreo» come agente della modernità, si saldano antichi e convergenti pregiudizi della peggiore sinistra e della peggiore destra (non ho bisogno di ricordare che «nazismo» sta per «nazionalsocialismo»).

Ecco, Gianmarco Pondrano Altavilla, presidente del Centro Salvemini, saggista coraggioso e sensibile, non ha avuto paura di maneggiare materiale incandescente: anzi, a maggior ragione, è riuscito nel piccolo miracolo di costruire un apparato critico rigorosissimo, senza soffocare l'oggetto della sua ricerca, che – per tanti versi – parlava da sé. E parlava, in questo caso, un linguaggio terribile.

Per le edizioni Castelvecchi, Pondrano ha infatti riproposto qualche anno fa le memorie del leader della Hitler-Jugend, Baldur von Schirach, accompagnate da un saggio introduttivo che aiuta a capire molte cose (Baldur von Schirach, *Ho creduto in Hitler*, introduzione e cura di Gianmarco Pondrano Altavilla, novembre 2017).

La «filosofia» della Hitler-Jugend, come si sa, era intrinsecamente contraddittoria: per un verso, proclamava l'autodeterminazione dei giovani (una sorta di «Stato nello Stato»: «La gioventù che governa la gioventù»); per altro verso, però, imponeva l'obbligatorietà e l'unicità dell'organizzazione. Morale: all'affermazione di libertà faceva seguito la totale sottomissione, l'intangibilità del principio di autorità, la militarizzazione integrale, il controllo totale di menti e caratteri.

Von Schirach finì a Norimberga, ed ebbe una condanna a vent'anni di carcere, nonostante l'abbandono dei suoi compiti nella Hj nel 1940. Ma il suo contributo alla militarizzazione dell'organizzazione e il suo operato verso gli ebrei non potevano consentire un esito diverso.

Non era un antisemita viscerale, per così dire. Testimoni affermarono che sua moglie, addirittura, osò in un'occasione affrontare Hitler sul tema delle deportazioni. Ma a Vienna von Schirach contribuì a «liberare» gli appartamenti che erano in mano agli ebrei, e per quanto la sua difesa avesse affermato che lui non sapesse dei campi di concentramento (se non a partire dal 1944), in realtà già nel 1942 ogni mese si allontanavano da Vienna convogli di 4-5.000 ebrei. E la responsabilità non poteva che ricadere anche su di lui, «come un macigno», annota giustamente Pondrano.

E qui Pondrano offre un'analisi di particolare finezza. Von Schirach, per mille ragioni, non corrispondeva all'idealtipo «ariano» e rozzamente ipermilitaresco (era corpulento e di aspetto assai curato), era di madre americana, aveva studiato arte, aveva frequentato la buona società.

Ma – appunto – anche in quella «buona società» c'erano sintomi della malattia. Sbaglia chi descrive il nazismo in termini (o solo in termini) di accozzaglia barbara e violenta. C'era anche altro, c'era la classe media, c'era una classe ancora più elevata.

C'era – soprattutto – un rifiuto radicale della modernità, e la volontà ossessiva di preservare l'«ambiente» e la storia tedesca. In questo quadro, l'ebreo era per antonomasia il nemico, in quanto «agente» della modernità, attore liberale e cosmopolita, protagonista del mercato. È in questa atmosfera che si formò von Schirach. E non è difficile comprendere come l'avvento di Hitler, rispetto a tutto ciò, non sia stato un evento improvviso, ma «un seme caduto in un terreno ricettivo», come chiosa acutamente Pondrano.

Una lezione per gli anni Trenta, certamente. Ma, sia consentito dirlo ovviamente in forme e modi totalmente diversi, anche un ammonimento per l'oggi, per culture (adesso più forti a sinistra che a destra, di tutta evidenza) tenacemente ostili alla modernità, all'Occidente, al capitalismo, che gravano come una «x» imperscrutabile non solo sul passato ma anche sul presente e sul futuro dell'Europa.

Per tutte queste ragioni (pur tenendo presente un'ampia gamma di *nuances* e sfumature), nei prossimi mesi e anni occorrerà saper distinguere bene chi intenda rimanere saldamente collocato nel quadrante occidentale e chi invece (per ragioni varie: economiche, ideologiche, di puro vassallaggio per interesse personale eccetera) finirà per trovare sistemazione in un'area di ambiguità, prestando orecchio – di volta in volta – alle sirene di Teheran, Mosca o Pechino.

Inutile girarci intorno: da questo secondo lato, si propone una capitolazione ideale ed etica, un autentico cedimento culturale, politico e morale. Che abbiamo il dovere di contrastare: se necessario, anche pagando un prezzo di impopolarità.

A ben vedere, assistiamo a un fenomeno curioso: si potrebbe perfino parlare di una sorta di schizofrenia, di stravagante scissione. Da un lato, molti media e settori rilevanti della nostra politica sono preoccupati e in qualche caso scandalizzati (giustamente) per l'invadenza a casa nostra del radicalismo islamico e delle sue manifestazioni meno rassicuranti: la pretesa di fare indottrinamento perfino verso i bambini più piccoli, le prediche infiammate nelle università, l'odiosa pratica della sottomissione delle donne, la convinzione – in ultima analisi è qui il cuore del problema – di far prevalere la sharia sulla legislazione ordinaria (ci verremo amplissimamente nel prossimo capitolo di questo libro).

Peccato che però queste stesse preoccupazioni svaniscano, o addirittura si capovolgano di segno, quando ci si sposta a considerare il conflitto in Medio Oriente: in quel caso, molte voci – incredibilmente – mostrano inquietudine non per i comportamenti di Hamas ma per quelli di Israele, come se la minaccia non venisse dalle belve dell'islamismo fondamentalista ma dall'unica democrazia presente in quell'area.

Come si fa a non comprendere che si tratta della medesima partita, della stessa sfida che avviene su due diversi terreni? Là, il tentativo degli integralisti è quello di cancellare l'ultimo avamposto occidentale (quindi: della democrazia e della libertà); qua, l'operazione avviene per un verso attraverso la minaccia violenta (azioni di terrore eccetera) e per altro verso attraverso un'avanzata silenziosa che punta sulla stanchezza, sulla pigrizia, sui riflessi lenti delle nostre società.

Ma si tratta di due aspetti differenti dello stesso confronto di fondo. Peccato che troppi fingano di non comprenderlo, o non lo comprendano affatto.

Un esempio clamoroso si è verificato il 5 giugno scorso a Milano. Solo *Libero* ha sbattuto la notizia in prima pagina: tutti gli altri si sono affrettati a nascondere la notizia, ad attenuarla, ad attutirla, a smorzarla. Al massimo, qualcuno ha tentato di derubricarla a folklore, a colore, a provocazione di un personaggio bizzarro quale Stefano Apuzzo effettivamente è.

Si spiega così il gran silenzio della politica (a partire dal Pd e dagli alleati di quella lista Avs-Bonelli-Fratoianni in cui l'ineffabile Apuzzo era intruppato in vista delle europee: meraviglie del «campo largo») e del mondo cattolico progressista. Non a caso, invece, i più reattivi e sensibili (e ciò va a loro merito culturale, non solo religioso) sono stati gli esponenti della Comunità ebraica milanese, a partire dal presidente Walker Meghnagi, a cui non è sfuggito il significato simbolico dello sfregio, della profanazione, per certi versi dell'appropriazione.

Di questo si parla, quando una bandiera palestinese viene esposta sulla facciata del Duomo di Milano, violando e violentando la sacralità spirituale di quel luogo. Chi non capisce (o fa finta di non capire) deve spaventarci per questa propensione a sottovalutare un evento che avrebbe fatto disperare Oriana Fallaci e che conferma – fino alle virgole – le tesi e le cupe profezie di Michel Houellebecq.

La «sottomissione» è tutta lì, in quell'immagine, in quella foto fatta per girare e diventare virale, per circolare sui forum fondamentalisti più ancora che sui media internazionali, per rendere realizzato e perfino «normalizzato» ciò che invece era e doveva rimanere un tabù, cioè l'intangibilità di uno dei massimi simboli della cristianità e dell'elevarsi dello spirito umano verso il cielo.

I riflessi di pochi scattarono pronti quando, nel 2020, il tiranno turco Erdogan «riconvertì» la basilica di Santa Sofia di Istanbul in moschea. E invece era l'inizio di un percorso di conquista, di sfida esplicita: non a caso, nel maggio scorso, la scena si è ripetuta con la trasformazione in moschea della chiesa di San Salvatore in Chora.

Si dirà: il temibile Erdogan non può certo essere appaiato al risibile Apuzzo. Vero, anzi verissimo: ma il punto è che – una volta in forma solenne, e un'altra in forma cabarettistica – il bersaglio è lo stesso: che si tratti dell'autocrate in cerca di una sempre più marcata connotazione integralista, o che si tratti di un piccolo esemplare del bestiario politico italiano, è stata sdoganata l'idea che certi simboli possano essere toccati, profanati, alterati.

Non solo: sia rispetto alla tragedia sia rispetto alla farsa, il «test» mostra che le vittime – cioè le culture da ridimensionare, da punire, da sottomettere, da sostituire – non reagiscono, sono accondiscendenti, sono perfino imbambolate rispetto alla gravità di ciò che sta accadendo.

Sta qui il cuore del problema: i nemici dell'Occidente ne studiano la storia, la cultura, le radici. Proprio perché vogliono recidere quei legami e quel patrimonio, lo conoscono, ne tengono conto. Di qua, invece, l'attitudine all'odio di sé è diventata abitudine, e in prospettiva destino: in un'atmosfera di distrazione, di inconsapevolezza, di dormiveglia. Ma la sorte dei sonnambuli è segnata: è raro e improbabile che possano evitare di farsi molto male.

E anche il giorno dopo quella profanazione – quindi, per così dire, a mente fredda – il silenzio è incredibilmente proseguito. Non una sillaba, non un sospiro (oserei dire: forse neanche una preghiera...) è venuta dalla curia di Milano, sempre così reattiva e pronta a scattare quando il tema è l'immigrazione. Neanche mezza parola si è udita da parte di quelli che chiamerei i «cristiani per Kirill», sempre pronti a straparlare di valori ma – non sorprendentemente – silenti se sotto attacco è l'Occidente che pure loro detestano. Mutismo a sinistra, gran timidezza a destra. E silenzio assoluto c'è stato anche da parte dei «laici», a loro volta senza libertà e senza Occidente: laici illiberali, dunque. *Requiem* per queste anime morte.

Ma facciamo un passo indietro e insieme concediamoci una pausa, perché in fondo la fascinazione per il nemico non è cosa nuova: evocavo prima la forza di attrazione esercitata a suo tempo da Mosca.

Ben Macintyre è una colonna del giornalismo britannico: firma del *Times*, di cui è già stato corrispondente da New

York, Washington e Parigi, dopo altre prove a cavallo tra narrativa e ricostruzione storica, quasi sempre muovendosi nel solco delle migliori *spy stories*, ha deciso di dedicare il suo libro più importante a una leggenda della Guerra Fredda (demone o mito, a seconda dei punti di vista ideologici), e cioè a Kim Philby, la spia e il doppio agente più noto del ventesimo secolo.

Il libro è di qualche anno fa (*A spy among friends – Kim Philby and the great betrayal*, Bloomsbury 2014), ma è stato da pochi mesi tradotto in italiano (*Una spia tra noi – Kim Philby e il grande tradimento*, Neri Pozza 2023, traduzione a cura di Raffaella Vitangeli).

La storia di Philby lascia letteralmente senza fiato. Viene da una famiglia saldamente collocata ai massimi livelli della classe dirigente britannica; studia a Cambridge; esordisce come giornalista al *Times*, inviato durante la guerra di Spagna; poco più che ventenne, entra anche nell'Mi6, il servizio segreto che si occupa della *foreign intelligence*; ma – pressoché contemporaneamente – avvia la sua doppia fedeltà, anzi la sua vera obbedienza, verso il Kgb, a cui per trent'anni consecutivi rivelerà ogni segreto.

La traiettoria di Philby è incredibile, al pari della sua abilità. Riesce a farsi assegnare la massima responsabilità dell'Mi6 rispetto proprio alla Russia: insomma, è lui l'uomo che deve coordinare lo spionaggio antisovietico. Pochi anni dopo, è ancora lui l'uomo inviato a Washington per coordinare l'*intelligence* inglese con quella americana, e fa sostanzialmente da mentore al futuro capo della Cia. Si può ritenere che, per tre decenni, Mosca abbia potuto conoscere grazie a lui – in anticipo – molte decisioni e valutazioni delle maggiori capitali occidentali.

A lungo e ripetutamente, riesce a schivare qualsiasi tentativo di incolparlo. Anche quando due suoi amici e colleghi sono scoperti e fuggono in Unione Sovietica (membri del medesimo «*Cambridge spy ring*»: Burgess e Maclean, altri giovani allevati a Cambridge, reclutati dall'Mi6, ma in realtà fedeli a Mosca), Philby riesce prodigiosamente a discolparsi, a sfuggire alle inchieste dell'Mi5 (il servizio segreto interno), a mantenere la protezione dell'Mi6, a far rimangiare perfino a politici e deputati ogni accusa, a rientrare trionfalmente in servizio, fino alla fuga finale a Mosca (da Beirut, in circostanze rocambolesche) nel 1963, dove resterà fino alla morte, autentico feticcio per la propaganda sovietica (pur con tanti aspetti della sua vita ancora largamente avvolti nel mistero).

La letteratura su di lui è sterminata. E ovviamente, in attesa di una totale declassificazione degli archivi di Mi5 e Mi6, molto è affidato alle opinioni, alle ricostruzioni, alle ipotesi, ben più che alle prove documentali. Anche Macintyre, come altri prima di lui, illumina con efficacia la parte storica e pubblica dell'avventura di Philby. Il suo essere emblema della Guerra Fredda; la sua dimensione di *double agent*, di doppiogiochista reclutato dall'Urss, e a sua volta reclutatore per Mosca; la quantità immensa di vite occidentali (e non solo) spezzate a causa del suo tradimento, in una lunga scia di sangue direttamente o indirettamente imputabile a lui; le personalità straordinarie catturate dal suo fascino (i vertici dei servizi inglesi, o i suoi colleghi e collaboratori, tra i quali – per fare un nome – c'è anche Graham Greene, il grande romanziere, a lungo tra i vice di Philby nella sua sezione); il fatto che l'adesione ideologica al comunismo da parte di Philby abbia resistito a ogni prova, prima al Patto Ribbentrop-Molotov (un trauma, per un giovane convinto del ruolo di Mosca come argine contro il nazismo, eppure...) e poi all'eliminazione scientifica (le purghe di Stalin) dei suoi stessi primi reclutatori sovietici. Ma nulla ha indotto Philby a deflettere dalle sue intenzioni.

Macintyre ha mano felice nel dipingere l'incredibile *charme* personale di Philby, capace – in una conferenza stampa che è tuttora materia di studio – di ingannare i media di tutto il mondo, di protestare efficacemente la propria innocenza, di recitare la propria parte in modo magistrale. I suoi interlocutori sovietici definiranno quella conferenza una «*breathtaking performance*», un'interpretazione mozzafiato.

Ma tutto questo – in fondo – era già rintracciabile in altri libri su Philby. A mio avviso, Macintyre aggiunge due ingredienti decisivi, che rendono la sua ricostruzione originale, sensibile, assolutamente peculiare.

Il primo è l'elemento di «classe» – intesa come classe sociale inglese – nello spiegare l'intera vicenda. Ciò che ha consentito a Philby di farla franca, al di là della sua incredibile abilità, è stato il suo essere un «*upper class Englishman*». Questa condizione (che è molto più di un apparato esteriore di vestiti di ottimo taglio, club esclusivi, whisky e poltrone di pelle: ma è un modo d'essere, un'identità profonda e incancellabile) è stata il suo vero lasciapassare. Macintyre – ad esempio – è illuminante quando descrive la differenza tra i vertici di allora dell'Mi6 (socialmente e direi antropologicamente simili a Philby: e infatti mobilitati a sua difesa), tutti di classe sociale alta e talora aristocratici, e invece i vertici dell'Mi5, il servizio segreto interno (non a caso, storici accusatori di Philby), in genere di *middle class* e talora di *working class*, dai metodi a volte polizieschi. Sta proprio qui (una volta definitivamente scoperto il tradimento di Philby) il trauma subito da un'intera classe dirigente: chiamata a fare i conti con i crimini e la doppiezza di «uno di loro».

Il secondo elemento, ancora più significativo, è il modo in cui Macintyre descrive l'amicizia profonda di Philby con almeno due persone: da un lato, James Jesus Angleton, un americano che sarebbe diventato il capo della Cia, e di cui Philby è mentore e quasi fratello maggiore; dall'altro, l'inglese Nicholas Elliott, con cui Philby percorre grado per grado tutta la carriera, da Cambridge ai massimi livelli dell'Mi6, in una frequentazione pluridecennale estesa alle rispettive famiglie, in una comunanza esistenziale che sarà rotta solo dall'inequivocabile prova del tradimento di Philby. Proprio Elliott, il suo più convinto difensore, ma anche – a questo punto – il suo amico più deluso e indignato, sarà inviato dall'Mi6 a Beirut per un colloquio finale con Philby e per un'estrema proposta (un'offerta di immunità in cambio di una confessione totale). Quel colloquio, reso da Macintyre in modo vibrante, è la quintessenza di un certo spirito inglese: elegante e insieme brutale, civile ma feroce, uno dei dialoghi più importanti per capire la Guerra Fredda. Finirà come si sa: con una parziale ammissione di Philby che però, nei giorni successivi, deciderà di fuggire definitivamente a Mosca.

In quelle pagine finali, Macintyre allunga su ognuno di noi l'ombra dell'angoscia. Non si tratta più di essere o non essere britannici, di classe alta o meno alta. Ma di interrogarsi sull'inganno come dimensione esistenziale, sulla menzogna come parte (forse non cancellabile) della condizione umana. Nulla, per Philby, è sembrato valere il prezzo della lealtà: non l'Occidente, non l'amicizia, non la famiglia (con la seconda moglie morta di alcool e di dolore). Eppure tutti sembrano magicamente incatenati al suo fascino: la terza moglie, pur a sua volta ingannata per anni, non resiste all'idea di perderlo, dopo la fuga finale di Philby verso Mosca, e lo raggiunge oltre la Cortina di ferro. E Philby – naturalmente – tradirà anche lei, peraltro con la moglie di uno dei suoi compagni inglesi di tradimento e di spionaggio, Maclean, ormai esiliato a Mosca.

Lo ha scritto bene John Le Carré, e il racconto di Macintyre rende benissimo l'idea: per tutta la sua vita pubblica e privata, Philby è stato guidato, oltre che dal gusto dell'avventura, dalla droga irresistibile dell'inganno.

Oggi, naturalmente, sarebbe perfino offensivo paragonare al fascinoso e misterioso Philby (criminale, almeno, di primo livello e di alta classe), i ben più miseri e smandrappati propagandisti che, dalle nostre parti, si mettono – chi spontaneamente, chi «spintaneamente»... – al servizio di Pechino, Teheran e Mosca. Attenzione, però: se costoro meritano ogni biasimo, non andranno nemmeno elogiati (teniamo bene a mente anche loro) quelli che, nella politica, nelle istituzioni e nei media, non hanno avuto alcuno scrupolo nel calpestare le libertà individuali e collettive durante l'orrido triennio Covid, plaudendo con zelo degno di miglior causa ogni restrizione illiberale, salvo poi – oplà – pretendere di reinventarsi come paladini dei «valori occidentali» al momento dell'invasione dell'Ucraina da parte di Mosca. Anche costoro hanno offerto una prova a dir poco squallida. Anzi, se possibile, hanno arrecato un danno per certi versi perfino maggiore rispetto agli altri: perché hanno tolto credibilità alla causa occidentale, esponendosi come bersagli (a quel punto indifendibili) per i propagandisti dell'altra sponda, i quali hanno avuto spesso buon gioco a irriderli e additarli nelle loro contraddizioni. Consiglio personale: diffidate degli uni e degli altri. Diffidate quindi dei servi (furbi e spregiudicati) delle potenze autoritarie, e però diffidate anche dei servi (zelanti e sciocchi) che stanno nel campo occidentale, ma ne hanno già tradito una volta i valori. E chi tradisce una volta può rifarlo in qualsiasi momento.

8

Islam religione di pace? E intanto le nostre capitali diventano «*no-go zones*» per gli ebrei

È venuto il momento di lasciare a verbale qualche elementare verità che tutti conosciamo e che però – per cattiva coscienza, per distrazione, per pregiudizio – troppo pochi osano esplicitare.

Cos'hanno in comune gli attentati alle Torri Gemelle, al night club di Bali, al treno di Madrid, alla metro di Londra, a Mumbai, a Charlie Hebdo, al Bataclan di Parigi, a Bruxelles, fino alle scie di sangue più fresco e recente? Si è trattato sempre e solo di atti di terrore realizzati da islamici.

Tutti gli islamici sono dunque terroristi? Certo che no. La gran parte dei terroristi degli ultimi vent'anni sono islamici? Certo che sì. È islamofobo dirlo? No: è sciocco e suicida bendarsi gli occhi per non vedere questa dolorosa ma evidente realtà.

Lo schema è talmente ripetitivo (e ripetuto) da essere ormai prevedibile. Siamo all'inizio di dicembre 2023: a Parigi si ode, dalle parti della Torre Eiffel, il solito grido («*Allah akbar*»), a cui fa seguito l'ormai consueta scia di sangue.

È solo un episodio tra i tantissimi che potrei citare. Ma questi racconti – sempre tragicamente uguali a sé stessi – ci ricordano almeno tre cose. La prima, e si tratta di un copione davvero fastidioso, è il tentativo di derubricare la portata del fatto evocando i presunti «problemi psichiatrici» dell'aggressore, un francese di origini siriane. Ma, in tutta franchezza, i problemi psichiatrici rischiamo di averli noi, se ancora, qui in Occidente, mettiamo in campo piccole tattiche per attenuare-attutire-smussare, per fingere di non aver capito ciò che invece è tragicamente sotto i nostri occhi.

Qualcuno può ancora illudersi di andare avanti con la strategia della negazione e degli occhi chiusi, ma dovrebbe essere chiaro a tutti che abbiamo di fronte un'irrisolta questione islamista (prima o poi toccherà scrivere: islamica), in virtù della quale ci sono soggetti e gruppi radicalizzati pronti a colpire, a sgozzare, a uccidere per motivi religiosi. Vogliamo continuare a ingannarci, ad autocolpevolizzarci, a fare convegni sulla mancata o incompleta integrazione, oppure iniziamo a fare i conti con una realtà dolorosa ma innegabile?

Il secondo tema con cui fare i conti è quello dei soggetti segnalati come radicalizzati: anche l'assassino della Torre Eiffel era infatti – come accade sempre più regolarmente – schedato. Lo stesso era accaduto, come si ricorderà, per i responsabili di altri recenti attentati in Europa, ad Arras e a Bruxelles. Questa volta – se possibile – il precedente è ancora più inquietante, visto che l'uomo era stato fermato nel 2016 e accusato di preparare un attentato.

Ora, chi scrive è un garantista, ma occorrerà – prima o poi – chiedersi se il nostro armamentario giuridico ordinario sia adeguato rispetto alla sfida del terrorismo fondamentalista. Nessuno vuole travolgere le garanzie costituzionali o sovvertire il principio della presunzione di innocenza: ma è evidente che, con questo tipo di rischi, lasciare in libertà soggetti su cui gravano simili ombre di pericolosità è un azzardo che rischiamo di rimpiangere amaramente.

Né si può puntare – in termini risolutivi – sulla pura e semplice sorveglianza delle persone «segnalate». Il loro numero, in tutta Europa, è infatti altissimo, ed è inimmaginabile che per ciascuna di esse siano quotidianamente mobilitati 6-8 agenti, ai fini di un monitoraggio perpetuo, ventiquattr'ore su ventiquattro. E se a questo si somma la realtà delle procedure che consentono a un richiedente asilo un margine di 18-21 mesi prima che l'iter si esaurisca (tra domanda, reiezione, ricorso e diniego finale), tutti comprendiamo che esiste un numero elevatissimo di soggetti di pericolosità letale a cui stiamo offrendo una chance rischiosissima per la nostra convivenza pacifica. Resta dunque un'opzione che non piacerà a qualche anima bella, ma che mi pare di grande ragionevolezza (almeno verso chi non abbia cittadinanza di uno Stato Ue): fluidificare ed estendere i casi e le procedure di espulsione dai nostri territori (da ciascun Paese e dall'Europa) dei soggetti segnalati.

La terza e ultima questione da esaminare è quella strategica e geopolitica: il 7 ottobre ha tante facce. C'è stata l'atroce azione di Hamas contro i civili israeliani, ma c'è stato pure l'appello – tramite *Al Jazeera* – alla *jihad* globale, che in una forma o nell'altra è stata raccolta da qualche soggetto in giro per l'Europa. Che si tratti di «lupi solitari» o meno, l'effetto è comunque letale. Chi sia in cerca di consolazione, può constatare come a Bruxelles, a metà ottobre 2023, l'uomo che aveva ucciso qualche ora prima due svedesi, una volta ritrovatosi nel mezzo di un conflitto a fuoco con le forze dell'ordine, sia stato rapidamente freddato: dunque, non era forse un superguerrigliero. Ma era comunque un soggetto rivelatosi capace di maneggiare e usare un kalashnikov. Nel caso di Parigi, il fatto che l'aggressore abbia agito «soltanto» con un coltello e un martello fa effettivamente pensare a un certo grado di improvvisazione: ma la determinazione feroce del fanatico gli ha comunque permesso di uccidere una persona e di ferirne due.

In ogni caso, lo vogliamo capire o no che è la stessa guerra combattuta in teatri diversi? C'è il teatro principale (in Medio Oriente), ma ci sono anche le nostre capitali, ed è illusorio fingere che non sia così.

Dopo l'attentato di Parigi, ad esempio, non è passato inosservato un tweet amaramente sarcastico di Jonathan Pacifici, che, nell'esprimere solidarietà alla Francia, ha svolto un'efficace e dolorosa caricatura – adattata al caso francese – di ciò che di solito viene assurdamente detto dall'Europa a Israele: «Invitiamo però al dialogo e a non combattere i terroristi perché violenza chiama violenza. L'unica soluzione è politica con la creazione di uno Stato islamico nella Gallia storica con capitale Parigi Est». Questo paradosso doloroso e ironico, messo nero su bianco da una personalità del mondo ebraico, dovrebbe far riflettere molti: chinare la testa rispetto ai violenti non servirà a nulla, né in Medio Oriente né nelle nostre città. Prima lo capiremo, meglio sarà.

E ormai non c'è capitale occidentale che possa dirsi estranea a questi rischi. Un tragico avviso è giunto nel marzo scorso sul *Telegraph* da Robin Simcox, il superconsulente del ministero degli Interni britannico per il contrasto all'estremismo, che ha messo in guardia dal rischio che Londra stia diventando una «*no-go zone*» per gli ebrei, cioè un'area ad alto rischio, viste le bravate – tolleratissime – dei fondamentalisti islamici («Gli atti di estremismo sono stati normalizzati» ammonisce Simcox). Noi non siamo ancora a questo livello, ma qualcuno – tra parole e omissioni – ci si sta avvicinando a rapide falcate.

Ad esempio, qui in Italia, dopo il 7 ottobre, la comunità ebraica di Milano ha dovuto diffondere tra i suoi membri un vademecum rispetto alle misure di prudenza da adottare. Sacrosanta misura precauzionale: e della sorte degli studenti e delle studentesse di religione ebraica nella nostre università parleremo tra poco, visto che i veri soggetti a rischio sono proprio loro.

Più complessivamente, è stato molto opportuno il «pro memoria» coraggiosamente stilato da Davide Romano, direttore del Museo della Brigata Ebraica di Milano, a cui lascio la parola: «C'è un dato da ricordare: dal 1946 a oggi, il 99% delle uccisioni di ebrei avvenute nel mondo sono di matrice islamista. [...] Sono 78 anni che in nome dell'islam più radicale si susseguono pogrom contro ebrei nel mondo arabo, guerre contro Israele, e attentati terroristici perfino in Occidente. E il futuro? Se guardiamo alla Francia, i bambini ebrei vengono picchiati dai loro coetanei musulmani nelle scuole pubbliche, al punto che i primi sono quasi tutti dovuti andare nelle scuole private. [...] E il fatto che il radicalismo islamico stia prendendo piede anche nelle giovani generazioni deve spaventare tutti. Anche perché non possiamo dimenticare il povero Samuel Paty, insegnante di scuola secondaria, ucciso e poi decapitato "per aver insegnato ai bambini la libertà di parola", come disse il presidente Macron».

Tornando al tema universitario, prendiamo subito il toro per le corna. Spiace infatti dover svolgere – non in vasta compagnia – la parte dei grilli parlanti o quella degli spiriti incontentabili: nell'aprile scorso, infatti, da molte sponde sono giunti apprezzamenti verso il documento reso noto dalla Crui, la Conferenza dei rettori delle università italiane, e verso le parole della presidente dell'organismo Giovanna Iannantuoni, a proposito delle tensioni negli atenei italiani e delle manifestazioni contro Israele. E indubbiamente alcune delle intenzioni che abbiamo letto e ascoltato da parte dei vertici accademici sono rassicuranti e positive. Tuttavia – ce lo si consenta – siamo al minimo sindacale di quanto dovrebbe accadere in una democrazia liberale. E ci sono almeno cinque questioni che non tornano affatto, e che anzi – temiamo inconsapevolmente – danno l'idea di un cedimento culturale di fondo.

Primo. Dice la presidente della Crui che non c'è stato alcun boicottaggio della collaborazione scientifica con le università israeliane. E ci mancava solo che ci fosse in questi termini espliciti e sfacciati. Tuttavia – e non ci pare meno grave – c'è stata la scelta di diversi atenei di non rinnovare tali accordi o di non partecipare ai relativi bandi.

Il caso di Torino – a inizio 2024 – è semplicemente indifendibile, con una decisione assunta in un clima surreale, con tanto di irruzione degli studenti pro Palestina (armati di bandiere e striscioni) in piena riunione dell'organismo dell'ateneo. I docenti – non sapremmo dire se intimiditi o culturalmente omogenei rispetto ai cori dei manifestanti – avrebbero ascoltato e poi, secondo quanto riferiscono le cronache, avrebbero risposto: «Riceviamo il documento e ne discuteremo al momento opportuno». Ma i manifestanti hanno chiesto di «essere partecipi della decisione», e i professori – spalle al muro – hanno di fatto obbedito. È forse normale tutto questo? Non mi pare.

Secondo. Restano in piedi – non di rado in numero superiore rispetto a Israele – accordi e intese di collaborazione con università di Paesi autoritari, dall'Iran alla Russia. Dunque l'Italia finisce per accettare la discriminazione di enti culturali israeliani (come se fossero espressione dell'esercito di Gerusalemme o di una maggioranza politica) e invece non apre la discussione su autocrazie e dittature nelle quali è per lo meno improbabile supporre un'autonomia culturale delle istituzioni culturali pubbliche.

Terzo. Si continua a parlare di diritto al dissenso: e – ovviamente – per chi ama la libertà di pensiero e di parola siamo di fronte a qualcosa di sacro. Ma non si può far finta di non cogliere la differenza tra l'esercizio di un dissenso – anche pubblico e vibrante – e il tentativo di impedire con la forza che degli eventi «sgraditi» si tengano, o di imporre decisioni ideologicamente orientate. È forse diritto al dissenso impedire conferenze, allontanare relatori o costringerli ad andarsene, picchiare le forze dell'ordine?

Quarto. Si continua a non vedere – e si tratta di una cecità allarmante – che oggi le persone davvero a rischio, nelle scuole e nelle università italiane, sono gli studenti e i docenti di religione ebraica, o chiunque simpatizzi (o sia sospettato di farlo) per le posizioni di Israele. È ormai fatto notorio che molti studenti di religione ebraica non si sentano più sicuri nel frequentare i loro luoghi di studio, e meno che mai nel manifestare il proprio credo e le proprie opinioni. Vogliamo fingere che tutto questo sia accettabile?

Quinto. Abbiamo dovuto leggere – un po' increduli – che una delle soluzioni proposte nel documento della Crui, «in caso di interruzioni o fenomeni di intolleranza», sarebbe quella «di svolgere eventi in altra modalità (per esempio online)» al fine di non cancellare l'appuntamento. Ma stiamo scherzando? Una soluzione del genere è già un cedimento pressoché totale: significa che – fisicamente – i prepotenti possono rivendicare una vittoria, che il territorio universitario è cosa loro. E a quel punto, anzi, tutto lo sforzo dei violenti sarà proprio quello di ottenere un risultato del genere, un *no platforming* o un *de-platforming* fisico (cioè cacciare dei relatori o impedire delle conferenze), lasciando – bontà loro – ai soggetti sgraditi la possibilità di rifugiarsi in territorio virtuale.

Ecco perché c'è da essere seriamente preoccupati davanti a un'impostazione complessivamente debole e rinunciataria come quella della Crui. Aggravata da una lunga serie di concessioni – se non al politicamente corretto – a quello che potremmo chiamare «pacifisticamente corretto». Scrivono infatti i rettori che, «come per la tutela dell'ambiente, anche contro la guerra i giovani ci chiedono di assumerci delle responsabilità. Questa istanza non può rimanere inascoltata». Aggiungono che «appare necessario ribadire che la pace è un diritto fondamentale della persona e dei popoli»; che «si organizzino incontri pubblici dove ospitare gli esponenti delle organizzazioni umanitarie e della società civile che operano nelle zone di guerra perché possano raccontare la loro esperienza e promuovere forme di sostegno, anche economico, a tale azione umanitaria»; che «si promuovano nelle università linee di ricerca per la trasformazione non violenta dei conflitti»; che «si organizzino eventi nazionali sui temi della pace», e così via.

Inutile girarci intorno: siamo lontanissimi da quanto sarebbe necessario affermare con forza contro ogni censura e contro la prepotenza di chi vuole imporre azioni chiaramente ostili a Israele e agli ebrei. Altro che farsi scrivere l'agenda dai collettivi terzomondisti e pacifisti.

Da tempo, in particolare nel mio libro dell'anno scorso (*E basta con 'sto fascismo*, edizioni Piemme), ho proposto un passo di limpida impronta liberale: e cioè il ritiro dei finanziamenti pubblici a qualunque luogo o istituzione universitaria o educativa dove siano avvenute forme di censura, dove si siano registrati atti di discriminazione su base politico-ideologica (il caso di Torino, per capirci), dove sia stato praticato il *no platforming* o il *de-platforming*. Una ricetta dura? Certamente. Ma chiarissima e semplice, direi inequivoca. Sei un'università? Sei una scuola pubblica? Ricevi il denaro dei contribuenti? Se però ti sei reso protagonista di un comportamento censorio, se lo hai accettato o addirittura promosso, non potrai ricevere i soldi dei *taxpayers*. Si dirà che è una soluzione provocatoria: in qualche misura lo è, ma non nel significato deteriore dell'aggettivo. Semmai, è provocatoria nel senso che vuole provocare una presa di coscienza e una svolta. Quella che purtroppo non si trova nel flebile e cedevole documento dei rettori.

Questa è dunque la situazione in cui si trovano le persone di religione ebraica e tutti coloro che sostengano (o siano sospettati di sostenere) la causa israeliana. Proviamo ora a spostare – metaforicamente – la nostra telecamera e a vedere che cosa accade, sempre in Italia, nel campo islamico.

Nell'aprile scorso, su *Libero*, abbiamo deciso di pubblicare in grande evidenza alcune foto abbastanza impressionanti. Non si tratta di scatti provenienti da Teheran o da qualche altro Paese teocratico e fondamentalista, ma da casa nostra: alcune da Roma, altre da Mestre.

Rivediamole. La scena parla da sé: nelle ore conclusive del Ramadan, gruppi di uomini di religione islamica sono raccolti in preghiera, mentre le donne – già completamente velate – stanno rinchiuse dentro recinti artigianali, in qualche caso costrette entro vere e proprie reti da pollaio, in qualche altro celate dietro drappi oscurati e oscuranti, affinché non vedano né siano viste, nella loro condizione – tale è l'inequivocabile messaggio – di esseri impuri e inferiori.

Che altro deve succedere – ci domandiamo – affinché suoni la sveglia? Quale altra forma di palese discriminazione siamo disposti ad accettare, anzi a subire, sul nostro territorio? O dobbiamo dedurre che su porzioni di suolo italiano la Costituzione e il citatissimo principio di uguaglianza siano già disapplicati e disapplicabili, tacitamente sostituiti dalla legge islamica?

Giuridicamente, lo spettacolo è insostenibile. Non esiste infatti alcun concordato né alcuna intesa tra lo Stato italiano e le comunità islamiche: in primo luogo, perché esse non hanno trovato un accordo al proprio interno su chi debba rappresentarle; e in secondo luogo, perché hanno pervicacemente detto no a richieste minime di trasparenza sulle loro fonti di finanziamento. Resta ferma la possibilità – ci mancherebbe – di esercitare lo stesso il proprio culto: ma non di attuare comportamenti discriminatori vietati dalla nostra legge e dalla Costituzione italiana.

Moralmente, poi, la cosa è ancora meno difendibile. Si può – per puro amore della teoria – evocare la libertà di ciascuno, e quindi anche la libertà di una donna islamica di subire un trattamento degradante. Ah sì? Ma guardiamoci negli occhi: esiste veramente qualcuno in grado di affermare senza tema di smentita che quelle donne siano davvero libere? Libere – intendo – di mettere il velo ma anche di non indossarlo? Libere – ancora – di posizionarsi in modo diverso durante una sessione di preghiera? Davvero vogliamo raccontarci che tutto questo avvenga sempre su base volontaria? Non scherziamo: ogni giorno le nostre cronache sono colme di storie dolorose: di ragazze islamiche picchiate – sempre su suolo italiano – solo per il fatto di avere il capo scoperto, per un filo di trucco, per una simpatia verso un ragazzo, per il loro desiderio di vivere secondo standard occidentali. Ma evidentemente la storia della povera Saman, trucidata a Novellara, non ci ha insegnato nulla, temo.

Politicamente, infine, si tratta di una sfida per tutti. A sinistra, perché da quelle parti si viene da mesi, anzi da anni di rumorose campagne contro il «patriarcato» e a difesa del «corpo delle donne». Ecco: se però il patriarcato è musulmano, scatta l'amnistia; e se il corpo femminile è islamico, subentra l'amnesia. Inutile girarci intorno: questo doppio standard dei nostri progressisti (e delle nostre femministe), i loro silenzi, il loro parlar d'altro, il loro far finta di non vedere e di non capire sono semplicemente rivoltanti.

Attenzione, però, perché la sfida non risparmia nemmeno la destra, in tutte le sue componenti, che da anni pronuncia quasi sempre le parole giuste, e ripete di non essere disposta ad alcun tipo di «sottomissione». Benissimo, sacrosanto. Ora però le parole dovrebbero essere gradualmente accompagnate dalle azioni: misurate ma decise, perché in Italia le lesioni della libertà e le discriminazioni più odiose non sono tollerate. O non dovrebbero esserlo.

E invece? Incredibilmente, nelle stesse settimane, abbiamo assistito a un surreale dibattito (innescato da alcuni istituti) sull'opportunità di chiudere le scuole in occasione del Ramadan. Giova ribadirlo ancora: in assenza di intese o concordati, si pretenderebbe – per giunta da parte di coloro che in altre circostanze evocano in modo stentoreo il principio della laicità delle istituzioni – di negare il servizio scolastico a tutti per «rispettare» la festa religiosa di alcuni. Situazione letteralmente surreale.

Anche perché, come accennavo, spesso i nostri progressisti, quando invece si tratta di feste cristiane, non esitano a issare la bandiera della neutralità degli spazi pubblici rispetto alle confessioni religiose. Facciamo ad esempio un passo indietro, e retrocediamo all'autunno del 2023. L'antefatto probabilmente lo ricorderete: si tratta della surreale decisione dell'Istituto universitario europeo di Fiesole di cambiare la denominazione del Natale in «Festa d'inverno». Ecco, potremmo dire che sbagliare è umano, mentre perseverare è da professoresse euroliriche.

Andando a spulciare sui giornali di quei giorni, si scopre infatti che, anziché andare a nascondersi dietro una renna per l'imbarazzo e la vergogna, gli autori della pensata l'hanno perfino difesa e rivendicata. Intervistata dal *Quotidiano Nazionale*, la professoressa Costanza Hermanin (componente della commissione interna dell'Istituto) ha rincarato la dose, affermando – testuale – che serve un «linguaggio inclusivo», che «finalmente c'è attenzione alla diversità e all'inclusività», e che – bontà sua – «manterremo i canti di Natale, l'albero e il mercatino», ma la scelta della «Festa d'inverno» non è modificabile «per aprire a tutti».

Ah sì? Tralascio la rozzezza di chi pensi che il Natale sia più che altro un mix di alberelli e mercatini. Ed evito anche la fatica (sarebbe inutile con tali interlocutori) di evocare Benedetto Croce e il suo *Perché non possiamo non dirci «cristiani»*.

Il punto – sia consentito che a ricordarlo sia un piccolo liberale laico – è che la professoressa Hermanin e i suoi sodali non hanno proprio capito cosa sia il Natale. Certo, per i cristiani credenti, il Natale segna l'arrivo di un Bambino speciale, l'unico Figlio di Dio. Ma anche da una prospettiva non confessionale e non di fede, appare sconcertante l'ignoranza (sì, avete letto bene, amici lettori: l'ignoranza) di chi pretenda di classificare il Natale come qualcosa di divisivo, di partigiano, di non unificante.

Facciamo un piccolo passo indietro prescindendo dall'elemento strettamente religioso. Prima della rivoluzione cristiana, e quindi in epoca greca o romana, tutto era diverso. Per la filosofia greca (pensiamo a Platone), c'era una superiorità schiacciante del mondo ideale rispetto a quello reale. Gli uomini? Dei poveri esseri rinchiusi in una caverna, incapaci di uscirne, e persi dietro le ombre proiettate sulla parete della caverna stessa, senza poter accedere alla realtà vera. Nella concezione romana, poi, lo status era tutto, e le classi un fondamento sociale imprescindibile.

Ecco, l'improvviso irrompere di una filosofia – il cristianesimo – che presume l'incarnarsi umanissimo del Figlio di Dio, è un colossale riscatto della condizione umana, un improvviso e spettacolare recupero di dignità e centralità dell'uomo. Figurarsi: l'unico Figlio di Dio che condivide la carne, le ossa, il sangue dei poveracci rinchiusi nella caverna platonica. E, per giunta, al di là di classi e status, con l'affermazione della piena dignità di ogni singolo individuo, di ogni singola persona!

Sta qui, anche per i laici e per i liberali, il senso profondo del Natale. Vorrei dire di un Natale insieme laico, religioso e umanistico. Ma non fatelo sapere alla professoressa Hermanin e ai suoi colleghi, tutti impegnati a «neutralizzare» quella data, a sbianchettarla, a renderla «ecocompatibile».

E (vale la pena ribadirlo in questa fine di 2024) è più che mai attuale anche la dimensione di un Natale occidentale. Il terrore islamista (lo ripeto ancora, forse occorrerà cominciare a scrivere: islamico) si diffonde. Troppi rispondono con la paura, arretrando, rinunciando a pezzi e connotati della civiltà occidentale.

Anche chi è sensibile, come chi scrive queste righe, ai valori laici e liberali, anche chi diffida di dogmatismi e ingerenze confessionali nello Stato e nella legislazione (non nella società: ci mancherebbe, viva Tocqueville, siamo dentro uno spazio aperto in cui pure la dimensione religiosa trova il suo naturale dispiegarsi) non può non sapere che la nostra cultura nasce dal dialogo (a volte teso, a volte fecondo, a volte drammaticamente conflittuale) tra Atene, Roma, Gerusalemme, e in epoca meno lontana Londra e Washington. In una cavalcata di secoli, è quello il perimetro che ci ha formato.

Guai se lo dimentichiamo. Guai se, in nome del politicamente corretto, di un'omogeneizzazione forzata, di un multiculturalismo fallimentare e fallito, cancelliamo ciò che ha reso il nostro Occidente un mondo libero, e quindi diverso da altri e da altro.

C'è da lavorare (sì, sì, l'accusa la so: colonialismo-esportatori di democrazia-neocon-eccetera eccetera, ed è un'accusa che mi fa ridere sin da ragazzino) per portare altrove questi nostri valori e farli conoscere a chi potrebbe sceglierli. Non per portare qui oscurantismi, integralismi, opzioni culturali e politiche disastrose e spesso violente, a cui semmai è proprio un'ottusa negazione della nostra identità a spalancare le porte.

Ma – senza divagare – balza agli occhi il cortocircuito che evidenziavo poco fa dei nostri progressisti: laicissimi quando si tratta di feste cristiane, poi improvvisamente pervasi dal senso religioso quando si tratta del calendario islamico, e infine gelidi e perfino spietati rispetto alla cultura ebraica.

E questo ci riporta a chiudere il cerchio. Non giriamoci intorno: il 7 ottobre segna il più grave pogrom antiebraico dai tempi dell'Olocausto. E come hanno reagito pezzi della nostra società e gran parte del nostro mondo intellettuale? Con un sistematico e deliberato ripudio di Israele. E allora iniziamo a tirare qualche somma. Sembra trascorsa un'eternità, ma siamo a circa un anno – mentre questo libro va in uscita – da quel tragico anniversario del 7 ottobre, cioè da quell'azione criminale di Hamas che causò – in un fazzoletto di ore – 1.400 morti israeliani di tutte le età, 5.000 feriti, centinaia di donne stuprate, 240 rapiti.

Adesso è venuto il momento, con una distanza temporale che già consente un minimo di freddezza nell'analisi, di tracciare un bilancio degli eventi verificatisi da allora a oggi, della reazione della comunità internazionale, della situazione sul campo a Gaza, insomma del punto dove siamo oggi. Proviamo a sintetizzare l'essenziale in otto punti.

Primo. Mentre la Corte internazionale di giustizia, incredibilmente, si era già riservata la facoltà di decidere sulle accuse di «genocidio» avanzate dal Sudafrica contro Israele, il 20 maggio scorso il procuratore capo della Corte penale internazionale ha avanzato una simultanea richiesta di arresto per il premier israeliano Netanyahu (e per il suo ministro della Difesa Gallant) e per il capo di Hamas Sinwar, appaiati e parificati, resi intercambiabili. Il *Wall Street Journal* ha correttamente parlato di «epitaffio» rispetto alla credibilità della giustizia internazionale (e aggiungerei io: dell'intero sistema Onu). In questo modo – attraverso il solo annuncio di tale assurda mossa – si sono centrati obiettivi a dir poco irricevibili: mettere sullo stesso piano l'esercito regolare di uno Stato democratico e un gruppo terroristico; confondere chi rispetta un codice di guerra e la Convenzione di Ginevra con chi punta, come strategia proclamata e deliberata, al massimo di sangue proprio e altrui; lanciare un opaco avvertimento a qualunque democrazia che pensi di poter rispondere con la forza a un eventuale attacco terroristico subìto; aprire la porta a un'autentica distopia, quella di dittatori, autocrati e Stati-canaglia sponsor del terrore che – coalizzati – processano le democrazie.

Secondo. Tutta la pressione politica della comunità internazionale, dall'amministrazione Biden all'ineffabile Alto rappresentante Ue Josep Borrell, è stata rivolta a frenare l'azione militare di Israele, di fatto con la conseguenza oggettiva di tentare di lasciare ad Hamas l'ultima roccaforte di Rafah.

Terzo. Le università di mezzo Occidente, da un anno, esplodono e ribollono di odio antiisraeliano e non di rado esplicitamente antisemita. Fateci caso: non ci sono mai le bandiere del Paese in cui le manifestazioni avvengono (Usa, Uk, Italia eccetera), ma in compenso garriscono i vessilli palestinesi.

Quarto. I giovani protagonisti di queste manifestazioni sono favorevoli – a casa propria – all'esercizio del dissenso politico, ai diritti delle donne, ai diritti Lgbt. Bene (cioè male): o per ignoranza o per cattiva coscienza, costoro sembrano però ignorare il fatto che il regime iraniano – sponsor e avvelenatore dell'intero Medio Oriente – reprima nel sangue il dissenso dei loro coetanei, pratichi la segregazione delle donne e la persecuzione delle persone omosessuali. Di più: con una sorta di sberleffo, l'Iran e l'Onu protestano contro gli Usa per il trattamento che le forze di polizia starebbero praticando ai danni dei poveri studenti americani. Chiaro, no? A Teheran si uccide allegramente chi manifesta: ma da lì si fanno partire comunicati a favore delle proteste in Occidente.

Quinto. Nelle manifestazioni qui in Occidente, il grido di battaglia è «*from the river to the sea, Palestine will be free*». Traduzione: occorre cancellare Israele dalla cartina geografica, negandone perfino il diritto all'esistenza, in singolare ma fattuale coincidenza con uno degli obiettivi statutari di Hamas.

Sesto. La famigerata agenzia Onu Unrwa, che ebbe propri dipendenti coinvolti nel pogrom del 7 ottobre e che – nella migliore delle ipotesi – non si era accorta per tempo di ciò che accadeva, è tornata a ricevere regolari e pubblici finanziamenti da parte di diversi Stati occidentali. Come se non fosse successo nulla.

Settimo. In Palestina, l'Anp non ha condannato in modo netto e definitivo i fatti del 7 ottobre: ma, nonostante tutto questo, è in piena accelerazione il tentativo di diversi Stati europei di riconoscere a tutti gli effetti la Palestina.

Ottavo (e siamo all'ultima stazione di un viaggio dell'orrore). Nel momento in cui questo libro va in stampa, Hamas ha reiteratamente detto no a qualunque ipotesi di trattativa con Gerusalemme e – a un certo punto, nella primavera scorsa – non è stata in grado di garantire (o non ha voluto farlo) la restituzione nemmeno di venti o trenta ostaggi vivi. Solo una fantastica azione dell'esercito israeliano, nel giugno scorso, ha liberato quattro ostaggi: una vittoria morale e uno schiaffo ad Hamas. Ma non si può certo dire che la comunità internazionale si sia coralmente mobilitata per riportare a casa gli altri sequestrati. Anzi, dopo questo successo simbolico delle forze di Gerusalemme, non poche voci – con e senza cappello Onu – si sono perfino lamentate di una presunta «sproporzione» tra i quattro liberati e i numerosi palestinesi rimasti uccisi nel corso del blitz. Come se Gerusalemme avesse avuto la «colpa» di riportare a casa quattro dei suoi figli.

Nono (e si tratta di un pro memoria). Sin dal suo statuto del 1988, Hamas si è data come obiettivo chiaro ed esplicito la cancellazione dello Stato di Israele. Come si fa a non tenere conto di questa cornice, di questo «scopo fondativo» apertamente genocida?

Che conclusione se ne deve trarre? Ahinoi, che il terrorismo – nell'anno 2024 – funziona, centra obiettivi, «paga». E che il nostro Occidente è letteralmente senza bussola: non sa più riconoscere il nemico nemmeno quando – dalla parte opposta – viene apertamente dichiarata la volontà di ucciderci e sottometterci. Stavolta il bersaglio è stato Israele: possibile che nelle altre capitali non si valuti la possibilità di essere la prossima vittima?

In almeno una circostanza, la scorsa primavera, è sembrato – per qualche decina di minuti – che, all'ultimo istante, Hamas fosse stata costretta dalla determinazione di Israele a piegarsi e a dire un genuino sì alla proposta di cessate il fuoco. Se così fosse stato, se ne sarebbe dovuta trarre una conseguenza logica: dare ragione a Bibi Netanyahu e torto a tutti gli altri (Onu, Ue, Casa Bianca bideniana). Avrebbe cioè avuto ragione chi, a Gerusalemme, riteneva e ritiene che con i terroristi si debba usare solo il linguaggio della forza, e soprattutto che si debba operare per vincere. E vincere vuol dire appunto questo: prevalere nettamente sul campo, sottrarre al terrore le sue basi operative, se possibile eliminare i capi dei nemici, o almeno metterli in condizione di non nuocere oltre. Solo dinanzi a una pressione del genere, a una deterrenza fortissima, a una minaccia schiacciante, si può ragionevolmente sperare in un cedimento delle belve sanguinarie. Anche perché molto induce a pensare che proprio la presenza fisica di alcuni leader di Hamas a Rafah possa indurre il gruppo terroristico a tentare di guadagnare tempo e salvare il salvabile (oltre che la pelle).

Sta di fatto che, dopo una mezz'ora, Israele ha svelato al mondo il bluff di Hamas. In un opaco gioco di sponda con i negoziatori egiziani, i terroristi avevano infatti provato ad aggiustarsi da soli i termini dell'intesa. Obiettivo? O ingannare platealmente Gerusalemme, oppure – come Hamas ha poi esplicitamente detto – buttare la palla nel campo di Israele, addossando allo Stato ebraico la responsabilità del mancato accordo. E allora che conseguenza dobbiamo trarne? La stessa di prima: ha di nuovo ragione Netanyahu e hanno ancora più torto i fautori dell'*appeasement* con i terroristi.

Intendiamoci: ho ben presente quanto sia popolare e di moda attestarsi su generiche quanto emozionate posizioni «per la pace in Medio Oriente». Si scaldano i cuori e contemporaneamente si scaricano le coscienze. Figurarsi: chi mai può essere «per la guerra»? Non solo: come ho sottolineato più volte, abbiamo a che fare – comprensibilmente – con un'opinione pubblica angosciata dalla moltiplicazione degli scenari bellici (Ucraina, Gaza, Mar Rosso).

Ma, a maggior ragione in un quadro del genere, onestà intellettuale impone di non essere reticenti né omissivi, e di raccontare tutta intera una scomoda verità. Anche perché – la storia ce lo insegna – una serie di guerre non chiuse (o chiuse male) hanno prodotto una scia di successivi conflitti: quando una ferita resta aperta, può solo diventare purulenta, altro che guarigione. Perciò, non ha molto senso parlare di «tregua» o addirittura di «pace» senza collegare la sospensione o la fine delle ostilità a una chiara-inequivocabile-secca sconfitta militare e morale di Hamas, che metta i terroristi in condizione di non nuocere oltre. Prescindere da questa condizione rischia di essere un errore esiziale, che potremmo dover rimpiangere.

Dentro questa cornice va collocata l'offensiva israeliana a Rafah, impopolare quanto si vuole, ma da difendere almeno per quattro ragioni.

Primo. I contrari usano l'argomento – forte e di grande impatto emotivo – della popolazione civile palestinese che verrebbe messa a rischio. Vero, anzi verissimo. Ma intanto va segnalata – come Israele fa sempre, diversamente dai suoi nemici – un'attività sistematica e capillare (radio, sms, volantini, appelli in arabo) da parte delle forze di Gerusalemme per informare la popolazione del territorio interessato su ciò che sta per accadere, con un pressante invito a spostarsi, fino all'ordine di evacuazione.

Semmai – in diverse fasi del conflitto nei mesi scorsi – sarebbe stato necessario organizzare meglio corridoi e vie di fuga per i civili, ipotesi caldeggiata in primo luogo da Israele. Tra Rafah (profondo Sud della Striscia di Gaza) e Khan Younis c'è ad esempio una notevole quantità di spazio disponibile. Dunque, sarebbe stato compito delle Nazioni unite e delle loro agenzie (in particolare, la famigerata agenzia per i rifugiati palestinesi) adoperarsi in tal senso: potevano – anzi dovevano – farlo, garantendo il «come», anziché limitarsi a dire no all'operazione dell'esercito israeliano.

Secondo. Liberare Rafah non è un capriccio di Netanyahu: stiamo parlando dell'ultima roccaforte controllata da Hamas. E sarebbe assolutamente insensato lasciare questo bastione nelle mani dei terroristi. Da lì ricomincerebbero appena possibile a colpire. Da questo punto di vista, va ricordato che, dopo il 7 ottobre, tutti – da Washington a Bruxelles – si dicevano concordi sull'obiettivo di distruggere Hamas. Oggi invece chi vuole fermare l'esercito di Gerusalemme sta oggettivamente offrendo un salvacondotto ai terroristi, peraltro adottando il loro stesso schema sia militare sia narrativo, e cioè l'uso della popolazione civile palestinese come scudo umano. Sta qui il paradosso nel paradosso: si aiuta Hamas e si finisce perfino per mutuarne il «racconto».

Terzo. Si continua a ripetere che sarebbe «impossibile» eliminare Hamas. Ma questo non è vero: lo ha dimostrato il successo militare conseguito finora dagli israeliani a Gaza. Semmai, negli anni passati (si pensi alle timidezze che a lungo hanno frenato Barack Obama contro l'Isis) è stato proprio quel tipo di argomento a legare le mani all'Occidente. La storia ha invece dimostrato che dal 2016 in poi Isis è stata fatta fuori da Mosul e da Raqqa. Certo, se oggi invece figure di vertice del sistema Onu continuano a negare il carattere terroristico di Hamas, è evidente che qualcuno intenda salvare i vertici di quell'organizzazione, anziché contribuire alla loro eliminazione o cattura.

Quarto. Con tassi maggiori o minori di buona fede, si continua a ripetere da più parti la soluzione dei «due Stati». A parole, un'ottima prospettiva. Ma se uno dei due Stati dovesse continuare a essere controllato da un gruppo terroristico come Hamas, quale sarebbe la percorribilità dell'ipotesi e la possibilità di convivenza fianco a fianco delle due entità statuali? Nessuna, di tutta evidenza. Ecco perché sradicare Hamas è la precondizione per rendere possibili i due Stati. Chi non lo comprende o è molto ingenuo o è molto complice.

Supplemento al capitolo 8

L'«islamometro», strumento indispensabile per smascherare i commentatori terzomondisti, i cripto-antisemiti politicamente correttissimi, i sepolcri imbiancati dell'ipocrisia anti Israele, gli odiatori dell'Occidente preferibilmente dislocati a Manhattan, i guru e i paraguru dell'acrobazia dialettica progressista

Per gentile concessione del quotidiano Libero, *ripropongo l'«islamometro», che, sorridendo a denti stretti, lanciammo alcuni mesi fa.*

COMPAGNO, SCOPRI IL FONDAMENTALISTA ISLAMICO CHE È IN TE

Scegli tra queste trenta ipotesi le frasi che rispecchiano meglio il tuo pensiero, e che comunque ti sembrano più efficaci per indossare bene in società il tuo filoislamismo antisionista (e forse pure vagamente antisemita).

- ☐ Hamas ha certamente sbagliato, però è il governo israeliano che li ha provocati
- ☐ Bisogna capire le ragioni di Hamas
- ☐ Hamas è un'organizzazione politica e sociale, è fuorviante parlare di terrorismo

- ☐ Ho tanti amici ebrei
- ☐ Non sono a favore di Hamas, sono a favore dei palestinesi
- ☐ La questione è complessa (*frase da pronunciare anche dopo l'uccisione e la decapitazione di bambini ebrei*)
- ☐ La risposta di Israele non è proporzionata
- ☐ La risposta di Israele non è coerente con il diritto internazionale umanitario
- ☐ Israele vuole infliggere una punizione collettiva ai palestinesi
- ☐ Deve esserci un modo per far arrivare fondi e aiuti ai palestinesi senza che Hamas possa beneficiarne
- ☐ Ci sarà un motivo se così tanti nel mondo provano ostilità verso Israele
- ☐ Le manifestazioni di piazza non sono mica pro Hamas, sono in solidarietà con il popolo di Gaza
- ☐ Io non aderisco al pensiero unico
- ☐ Non si può pensare che la ragione sia solo da una parte
- ☐ La questione va approfondita dal punto di vista culturale
- ☐ Nel 1948… (*completare a piacere*)
- ☐ Questo non ce lo dicono (*completare a piacere*)
- ☐ Dobbiamo chiederci se uno Stato possa fare guerra contro un'entità formata da poche centinaia di combattenti
- ☐ Ci sono molti modi per discriminare
- ☐ Israele fa ai palestinesi quello che i nazisti fecero agli ebrei

- ☐ Nell'esaminare la situazione non possiamo non tenere conto del fatto che a Gerusalemme c'è un governo di estrema destra
- ☐ Netanyahu è fascista
- ☐ Netanyahu è alleato con i fascisti
- ☐ Netanyahu e il Mossad sapevano dell'attentato del 7 ottobre ma non hanno mosso un dito
- ☐ Sia Netanyahu sia Hamas sono estremisti
- ☐ Israele ha diritto di difendersi ma…
- ☐ Pensiamo piuttosto a casa nostra (*frase da pronunciare mentre i terroristi islamici sono già nelle nostre città*)
- ☐ A me Hamas non ha mai fatto nulla di male
- ☐ Hamas rappresenta comunque i palestinesi e con loro bisogna trattare (*frase da pronunciare prima di un attentato*)
- ☐ I palestinesi non c'entrano con Hamas (*frase da pronunciare dopo un attentato*)

RISULTATI E PUNTEGGIO

Da 0 a 10 frasi selezionate, sei a bassa radicalizzazione islamica. Devi impegnarti di più.

Da 11 a 20 frasi selezionate, sei sulla buona strada, potresti dare qualche suggerimento a un imam tra i più accesi. Ma puoi fare ancora meglio.

Da 21 a 30 frasi selezionate, sei un imam a elevata radicalizzazione oppure un ospite di alcuni talk show. È ammesso il cumulo delle ipotesi.

Nessuno potrà certo dolersi se su *Libero* abbiamo lanciato, qualche mese addietro, un nuovo strumento di analisi politica, mediatica e sociale: l'Islamometro. Qualche anno fa, la compianta Michela Murgia si inventò sull'*Espresso* l'indimenticabile «Fascistometro» («E tu quanto sei fascista?» era la soave domanda). A molti – a destra – parve una via di mezzo tra una furbata di marketing e la solita ossessione di infilare a forza stivaloni e camicia nera agli avversari politici. Ma moltissimi altri – a sinistra – ne furono deliziati, estasiati, commossi. Ridevano compiaciuti, si rallegravano fra loro, disegnavano l'identikit del perfetto fantoccio polemico, dell'avversario dei loro sogni, estremista e ridicolizzabile.

Ma – in realtà – puntavano soprattutto a farsi coraggio tra loro: descrivendo invariabilmente chi la pensava diversamente come un povero *minus habens*. Ecco, dalle parti di *Libero* abbiamo mille difetti, ma non disprezziamo nessuno (magari, questo sì, dissentiamo profondamente e polemizziamo in modo duro e leale), e la presunzione di superiorità morale e culturale ci fa orrore. E allora non abbiamo inventato niente, non ci siamo messi a far caricature, non abbiamo dato sfogo a chissà quale fantasia. Abbiamo semplicemente raccolto trenta frasi vere. Avete capito bene: sono trenta cose che sono state effettivamente pronunciate o scritte in dibattiti televisivi e radiofonici, in interventi pubblici, in commenti sui quotidiani italiani.

Non abbiamo aggiunto i nomi dei «peccatori», perché non ci interessa lapidare nessuno. Non cerchiamo il brivido della polemica personale verso chicchessia. Ma i concetti quelli sì, li abbiamo annotati e trascritti: in quelle trenta frasette c'è la quintessenza della peggiore ipocrisia di sinistra, del più insopportabile doppiopesismo, del più sistematico e sfacciato doppio standard.

Abbiamo messo tutto in fila ed ecco qui la nostra «provocazione». Provocazione alla lettera: nel senso che vogliamo provocare un dibattito. Perché in Italia è così facile far ricorso a una cassetta degli attrezzi tanto falsificante e manipolatrice? Perché i nostri media e la nostra discussione pubblica sono abitati, si potrebbe dire posseduti da un inquietante pregiudizio contro Israele? Perché nemmeno crimini efferati come quelli commessi da Hamas hanno smosso alcune coscienze, al di là delle formali (e iniziali) formulette di solidarietà?

Certo, questo «test» serve a sorridere, pur dentro una tragedia. Sorridere (al momento) è ancora un'attività non vietata né tassata: dunque, approfittiamone. Ma si tratta di un sorriso amaro, amici lettori. Perché sappiamo bene che i pozzi sono stati avvelenati, e il nostro dibattito pubblico è attraversato da sentimenti e ragionamenti che non possono e non devono tranquillizzarci. Israele e le persone di religione ebraica meritano tutta la nostra vicinanza. Difendere loro significa difendere i valori e i princìpi che ci sono più cari. Non dimentichiamolo mai.

9
Lettera aperta a un giovane confuso

Non dispiaccia alle attuali anime belle della sinistra, che preferiscono i temini antifascisti di Antonio Scurati. Al contrario, suggeriremmo a tutti la rilettura dei celebri versi di Pier Paolo Pasolini scritti dopo i fatti di Valle Giulia nel 1968 e indirizzati agli studenti a seguito dei loro scontri con i poliziotti. Rileggiamone uno stralcio:

Adesso i giornalisti di tutto il mondo (compresi
quelli delle televisioni)
vi leccano (come credo ancora si dica nel linguaggio
delle Università) il culo. Io no, amici.
Avete facce di figli di papà.
Buona razza non mente.
Avete lo stesso occhio cattivo.
Siete paurosi, incerti, disperati
(benissimo) ma sapete anche come essere
prepotenti, ricattatori e sicuri:
prerogative piccoloborghesi, amici.
Quando ieri a Valle Giulia avete fatto a botte
coi poliziotti,
io simpatizzavo coi poliziotti!
Perché i poliziotti sono figli di poveri.

Ecco, caro giovane protestatario del 2024, non ti «leccherò il culo» nemmeno io. Né a te né ai tuoi colleghi – capre come e più di te – che hanno organizzato scenate e chiassate nelle università americane. Da quelle parti – da New York a Los Angeles – sembrano aver smarrito perfino il senso dell'umorismo. Sai cos'hanno chiesto gli studenti che manifestavano pro Gaza la scorsa primavera? Non solo legno per fare le barricate e maschere antigas, ma pure cibo vegano e senza glutine. Chiaro? La rivoluzione deve essere rigorosamente bio. Di più: hanno esplicitamente domandato l'esclusione del bagel, il tipico pane ebraico newyorkese. Se non ci fosse da piangere, ci si potrebbe perfino sganasciare dalle risate.

E allora veniamo a noi. Vorrei – metaforicamente – prenderti per il bavero e chiederti: ma sei rincretinito (e dunque sei almeno «salvabile») o sei proprio da considerare completamente perso alla causa?

Seguimi un attimo nel ragionamento. Dici di essere – qui in Italia – a favore del diritto al dissenso. Molto bene. Ma lo sai cosa succede a chi dissente nei Paesi di cui incredibilmente alzi la bandiera? Hai mai riflettuto sulla sorte delle minoranze politiche sotto Hamas o sotto il regime iraniano? Il trittico delle possibilità prevede: galera, morte, esilio.

Ancora. Dici di essere a favore dei diritti delle donne. Di nuovo: molto bene. Ma hai mai riflettuto sul fatto che, in regime di Islam fondamentalista, le donne vivono in un sistema di segregazione? E che, in caso di adulterio, si procede allegramente alla loro lapidazione?

E da ultimo. Sei orgogliosamente a favore dei diritti Lgbtq+. Ecco: ti hanno informato del fatto che, sempre in quegli ambientini a favore dei quali canti e manifesti, le persone omosessuali sono soggette a un'autentica e selvaggia persecuzione? E tu che fai, invece? Come se nulla fosse, alzi il cartello: «Queers for Palestine». E allora si torna al solito bivio: o sei scemo o sei un traditore dei valori a cui dici di ispirarti.

Diciamocelo chiaro e tondo. Quando, con la necessaria distanza temporale ed emotiva, verrà scritta la storia di questi mesi nel nostro Occidente, più di qualcuno avrà valide ragioni per vergognarsi e per tentare di cancellare almeno qualche traccia del proprio comportamento, così come di non poche parole pronunciate.

Pensiamo solo alla condizione delle donne israeliane, anzi – per essere più precisi – delle donne ebree israeliane: per meritare un minimo di rispetto, di considerazione, di ricordo umanamente caldo e sincero, non è bastato neppure che fossero uccise il 7 ottobre dalle belve di Hamas, o che fossero violentate, o che fossero prima violentate e poi uccise, tanto per non farsi mancare nulla.

Nell'atroce «morra» ideologica antisionista (ma prima o poi sarà il caso di usare la parola più terribile e precisa: antisemita), l'essere ebrea prevale sull'essere donna, la connotazione religiosa e nazionale soverchia quella di genere, e dunque – paradossalmente – toglie a quelle persone lo status di vittime o di vittime meritevoli di memoria, pietà, calore.

Un'esagerazione di chi, come me, è notoriamente schierato per il diritto di Israele a esistere e a difendersi? Tutt'altro, giudica tu. Primo esempio: l'8 marzo scorso, si è svolto a Roma l'ormai tradizionale corteo di Non una di meno, centrato sullo «stop al patriarcato e alle bombe su Gaza». Ecco gli slogan e i principali striscioni: «Insultate, stuprate, ammazzate, ci volete mute, ci avrete arrabbiate. Distruggete il patriarcato». E dal megafono è stata puntualmente scandita la giaculatoria pacifista a senso unico: «Siamo qui per far risuonare il grido delle donne palestinesi e curde».

E le donne israeliane? Sono forse meno vittime, sono forse meno violentate delle altre? Come se non ci fossero: *tamquam non essent*. E, su un altro piano, le donne nel mondo arabo e islamico, vittime – lì sì – di patriarcato e segregazione? Meglio non approfondire: è più comodo inventarsi qualche scioglilingua sul patriarcato da recitare qui. Del resto ormai l'abbiamo imparata la canzoncina: i maschi sono sempre colpevoli – qui a casa nostra – se bianchi e occidentali; quando invece – a qualunque latitudine – si tratta di uomini islamici, allora diventano, di volta in volta, «oppressi», «psicolabili», «depressi».

Vuoi un altro caso? Ecco – immancabile – il pensierino sempre dell'8 marzo del mitico Patrick Zaki: «Oggi faciamo [N.d.A.: ha scritto proprio così, «faciamo»] rumore per tutte le donne del mondo. Per Giulia Cecchettin, per Ilaria Salis, per le donne palestinesi che difendono i loro figli dai proiettili e dai missili dell'esercito israeliano, per le donne sudanesi violentate da entrambe le parti del conflitto armato, per le donne ribelli dell'Iran, per le donne del Congo». C'è tutto, tranne le donne israeliane. In uno spettacolare rovesciamento delle cose, compaiono le donne palestinesi, ma solo come vittime degli israeliani, mica del terrore di Hamas, che le considera – al pari di uomini e bimbi, del resto – nulla più che scudi umani e carne da sacrificare.

È più forte di loro, e starei per dire che ormai questi slittamenti concettuali, queste omissioni, questi ribaltamenti, avvengono in perfetta buona fede: nel senso che il pregiudizio e l'ideologia sono talmente interiorizzati e «naturali» da non richiedere alcuna malizia o alcuna consapevole cattiva intenzione, che infatti tendo a escludere.

Ecco, contro tutto questo, mi permetterai di rivolgere non solo un pensiero alle grandi dimenticate (e cioè alle ebree israeliane trucidate all'inizio di ottobre), ma anche e soprattutto – ammesso siano ancora vive – alle ebree rapite rimaste per mesi nelle mani degli aguzzini di Hamas.

Alla fine di gennaio scorso, una di loro, Aviva Siegel, rilasciata nel corso del cessate il fuoco del novembre precedente, ha reso una drammatica testimonianza alla Knesset, spiegando come le donne superstiti (e in qualche caso pure gli uomini rapiti) venissero violentate dai carcerieri nei tunnel. Non si tratta di episodi, ma di un «*regular sexual abuse*»: i rapitori hanno dunque trasformato gli ostaggi in oggetti sessuali.

In sostanza, l'arma disumana dello strupro non è stata solo usata il 7 ottobre o nelle fasi iniziali di quella atroce vicenda, ma è diventata un ordinario passatempo per i carcerieri. Immaginate la condizione delle persone catturate: hanno magari visto con i loro occhi la morte dei loro cari, sanno di essere sole al mondo, non hanno alcuna certezza di uscire vive da questa orribile avventura, e per giunta sono trattate da schiave sessuali delle belve islamiste.

«L'ho visto con i miei occhi» ha aggiunto la Siegel, che poi ha spiegato le modalità umilianti della pratica. «I terroristi portano alle ragazze vestiti inappropriati, le vestono come bambole. Hanno trasformato le ragazze nelle loro bambole, con cui possono fare quello che vogliono e quando vogliono.» Non c'è molto da aggiungere a un racconto che parla da sé: rapimento, stupro sistematico, irrisione e umiliazione delle vittime. E non oso nemmeno pensare all'ipotesi che alcune di queste donne possano essere rimaste incinte nel corso delle violenze: immaginate la tragedia.

Ecco: tutto questo non avrebbe meritato una menzione, un pensiero, una parola, in occasione dell'8 marzo scorso? Pare di no. Curioso, non è vero? I nostri progressisti e le nostre femministe, che di solito amano descrivere i propri avversari come animati da sgradevolissimo sessismo, stavolta hanno perso la voce. Anche le personalità più impegnate per i diritti civili devono aver finito i giga, e non sono riuscite nemmeno a pubblicare un tweet, un post, un pensierino sui loro social.

Il cortocircuito è totale: Israele è notoriamente l'unico Paese libero di quell'area, l'unico dove le donne siano in una reale condizione di parità, l'unico – su un altro piano – dove anche le comunità gay siano rispettate e tutelate, e dove la libertà sessuale sia ovviamente parte della libertà senza aggettivi.

Ma qui in Italia e nel nostro Occidente siamo in pochissimi a volerne parlare. Come finirà? Ho già ricordato che un segnale chiarissimo è arrivato nei mesi scorsi sul quotidiano londinese *Telegraph* da Robin Simcox, il consulente del ministero degli Interni britannico per il contrasto all'estremismo, che ha esplicitamente descritto Londra come una sorta di «*no-go zone*» per gli ebrei, cioè un'area a elevatissimo pericolo di integralismo islamico («Gli atti di estremismo sono stati normalizzati», ha denunciato Simcox). Noi non siamo ancora a quel punto, e tuttavia pare solo una questione di tempo.

Tra l'altro, caro studente (e, insieme a te, caro professore che insegni nelle università occidentali e hai contribuito a trasformarle in un campo di indottrinamento *woke*), c'è posta per te. Per te che esponi alla finestra o fai garrire al vento la bandiera della Palestina, per te che inveisci contro Israele, per te che gridi allegramente «dal fiume al mare» (sottintendendo l'eliminazione di chi sta in mezzo), per te che hai già rimosso il 7 ottobre, per te che non hai speso mezza parola per i rapiti israeliani, per le donne violentate da Hamas, per i bambini assassinati dai terroristi islamici nei loro lettini, per te che qui – nei nostri atenei – hai reso la vita impossibile e le lezioni non frequentabili ai tuoi compagni di religione ebraica e a chiunque fosse sospettabile di non pensarla come te.

Ecco, ti sei meritato il plauso e l'incoraggiamento della guida suprema iraniana, il macellaio-capo Khamenei, nonché un caldo elogio da parte di quelle personcine delicate e sensibili di Al Qaeda, l'organizzazione responsabile dell'eccidio dell'11 settembre 2001.

Cominciamo con Khamenei, cioè, come ti scrivevo poco fa, l'uomo al vertice del regime che incarcera-tortura-elimina gli oppositori, segrega le donne, lapida le adultere, punisce e perseguita gli omosessuali, reprime il dissenso a partire da quello dei più giovani. Dal suo profilo su X, «in nome del Dio compassionevole e misericordioso», scrive proprio a te e ai tuoi compagnucci: «Cari studenti universitari negli Stati Uniti d'America, questo messaggio è un'espressione di empatia e solidarietà con voi». E ancora: «Voi state dalla parte giusta della storia», «avete formato un ramo del Fronte della Resistenza e avete cominciato un'onorevole lotta a dispetto della spietata pressione del vostro governo che supporta apertamente i sionisti». Gran finale: «Il supporto e la solidarietà dei vostri professori di fronte alla brutalità della polizia è uno sviluppo consequenziale. Anche io simpatizzo con voi giovani, e apprezzo la vostra perseveranza».

E qui siamo davanti a una tragica beffa, a uno sberleffo insanguinato. Magari, nello stesso minuto in cui questo tweet è stato lanciato, altri studenti e studentesse iraniani saranno stati oggetto di violenza e repressione per ordine dei pasdaran. Ma intanto la guida suprema si è divertita a seminare zizzania in un Occidente che crede già (e chissà che non abbia ragione, almeno su questo) senza bussola e senza princìpi, incapace di distinguere tra democrazia e terrore, e dunque luogo ideale per immettere e far circolare altri veleni.

E non basta ancora. Nelle stesse ore, caro studente (e caro professore), si sono rivolti sempre a te quei gentiluomini di Al Qaeda. In una dichiarazione, il comando generale del gruppo terrorista prima ha ribadito che «ogni musulmano è stato felice» per gli attacchi contro Israele, condotti «dalla gioventù della nazione islamica». E poi è arrivata la parte rivolta a te: «Mentre supportiamo l'assassinio degli infedeli sionisti e la loro decapitazione, apprezziamo e stimiamo il movimento dei manifestanti occidentali e degli studenti in sit-in, che attraverso le loro proteste hanno espresso rigetto per il genocidio che ha luogo a Gaza». Oplà: nella stessa frase, l'invito ad ammazzare gli ebrei e un commosso elogio per te.

E allora torno proprio a te, caro studente (e caro professore). Non provi un filo di imbarazzo nel recitare la parte dell'utile idiota di un tiranno spietato e dei terroristi islamici più sanguinari? Sei così ottenebrato, così perso nella tua atonia morale, da ritenere tutto equivalente, tutto intercambiabile?

Se così fosse, ti giunga un suggerimento (non un invito, non mi permetterei mai). Se questo Occidente ti fa tanto orrore, e se invece Gaza e Teheran ti paiono luoghi di progresso e liberazione, cosa aspetti a partire? Vai, vai subito. Una sola raccomandazione: sappi che, in base alla prassi imposta da coloro che ti hanno così affettuosamente elogiato, è sufficiente un viaggio di sola andata. Il ritorno non è previsto. Auguri.

Ma non farmi divagare, perché, prima di congedarmi, voglio raccontarti – con una durezza che non apprezzerai, ma è molto più sincera e amichevole di quanto tu creda – cos'hanno in serbo per te quelli che, appunto, *ti leccano il culo*.

Vedi: colti da un attimo di disattenzione, o magari trovandoci per un istante con la guardia pugilisticamente abbassata, potremmo essere tentati di rallegrarci per l'improvvisa popolarità, nel nostro dibattito pubblico, dei problemi della salute mentale, in particolare dei più giovani.

Da mesi assistiamo infatti al fiorire rigoglioso di una pubblicistica carica di empatia (direbbero i progressisti: *kind and caring*) verso le crescenti problematiche con cui ragazze e ragazzi devono misurarsi: patologie classiche, ma anche disturbi alimentari, piccole e grandi manifestazioni di disagi a volte transitori, altre volte più profondi.

E – lo ripeto – a prima vista verrebbe voglia di felicitarsi per questo sussulto di consapevolezza del mondo «adulto». Crescere è da sempre un mestiere maledettamente difficile: chiunque – tranne pochi fortunati – ha attraversato un momento di crisi, un passaggio a vuoto, un tunnel più o meno prolungato. E questo è a maggior ragione vero in tempi ansiogeni come i nostri. Inutile nasconderlo: che si tratti del rapporto con i genitori, con la scuola, con il proprio corpo, con il sesso, con l'amico che ti delude o ti tradisce, con le prime prove della vita, c'è sempre un momento rivelatore che espone ogni adolescente a una caduta, a una ferita, a un ostacolo più alto del previsto.

E però – ecco il punto – nella repentina attenzione progressista verso il problema ci sono almeno due anelli che non tengono. Primo: in genere quelli che oggi si preoccupano per i nostri figli sono gli stessi che non vogliono bocciature a scuola, non vogliono voti, non vogliono nemmeno i giudizi. Sono loro a teorizzare una società senza verifiche, senza sfide, senza un «*redde rationem*»: ma poi – oplà – hanno il coraggio di sorprendersi della vulnerabilità emotiva di chi è stato allevato e allenato in un ambiente per così dire asettico e insonorizzato.

Secondo: gli «empatici» di oggi sono gli stessi che – mai sfiorati da un dubbio – esaltavano la necessità inderogabile di un lockdown, quello italiano, tra i più lunghi del mondo, accompagnato da una campagna mediatica tra le più nevrasteniche e terrorizzanti sul Covid. Pensano forse che abbia fatto bene ai ragazzi saltare due anni scolastici? Pensano che ne abbia ricavato giovamento il loro profitto in italiano e matematica, così come il loro equilibrio psicologico? Ritengono che descrivere ossessivamente l'«altro», il corpo di ogni altro essere umano, il contatto con un'altra persona, come un'insidia devastante, abbia accresciuto o ridotto la fiducia, la consapevolezza, la stabilità emotiva di un individuo in formazione? Non avevano previsto l'accrescersi della tendenza a rinchiudersi nel virtuale, in una dimensione in cui tutto (amicizia, dialogo, perfino sesso) è consegnato a uno smartphone, a una nuova forma di alienazione in cui nemmeno si sa più (tra noi e il telefonino) chi sia la guida e chi la protesi?

Ecco perché c'è da diffidare di questi caritatevoli infermieri: perché sono tra coloro che hanno accresciuto il disagio che ora vorrebbero pure spiegare.

E allora: certo, ogni persona ragionevole è da sempre favorevole a un accompagnamento anche psicologico (*please*, non farmacologico) degli adolescenti nel loro cammino delicato. Ma – per favore – ora non patologizziamo tutto, non drammatizziamo ciò che nella stragrande maggioranza dei casi è quella fatica di vivere e di trovare il proprio posto nel mondo che ogni essere umano ha da sempre sperimentato.

I social – poi – rischiano di peggiorare le cose: si sa che in quella dimensione ogni sofferenza è celebrata e sacralizzata (e quindi cristallizzata), che per paradosso alcuni possono essere indotti a cercare la propria identità proprio nell'essere portatori di un «male», entrando così in una spirale difficilmente arrestabile.

Lungi da me – non ne ho né i titoli né la presunzione – offrire ricette. Posso solo contribuire umilmente alla ricerca di un pochino di positività. In che senso? Si diceva del tentativo di ognuno di trovare il proprio posto nel mondo: forse la chiave sta anche lì, nell'incoraggiare il fare e la vita attiva, il lavoro, un impegno costante, come strada maestra per la costruzione della propria identità.

Prendiamo un esempio altissimo e per tanti versi irraggiungibile: Winston Churchill dovette misurarsi sempre, nella sua vita, con quello che chiamava il «cane nero», cioè la depressione. Ma seppe sottrarvisi (o seppe contrastarla) attraverso la vita attiva e la scrittura. Nessuno può ragionevolmente sperare – figuriamoci – di fare il primo ministro, di vincere una guerra, e di aggiudicarsi anche un Nobel per la letteratura. E però anche noi che non siamo e non saremo mai giganti possiamo comunque aspirare a migliorarci, a occupare le nostre giornate facendo ed esprimendoci, cercando di congiungere le nostre concrete esigenze di sopravvivenza con le nostre migliori passioni.

Sta lì l'«anestetico» che può salvarci. Più facile da dire che da realizzare, me ne rendo conto. Ma occorre provarci, e soprattutto aiutare ragazze e ragazzi a incamminarsi su quella via. Ad esempio, facendo a pezzi una delle peggiori illusioni del periodo pandemico e postpandemico: l'idea che si possa non lavorare, essere sussidiati, con qualcun altro (papà-Stato) delegato a risolvere i problemi della sussistenza.

Non è così dal punto di vista economico e nemmeno in una prospettiva psicologica. È solo attraverso una tensione positiva al fare, e attraverso questo «fare» come espressione di sé, che possiamo osare l'inosabile: cercare la parte migliore di noi stessi, e magari provare ad afferrarla, a trattenerla, a custodirla.

E allora torno a te, caro studente incazzato con me: l'hai capito che ti vogliono *attivo* solo nelle piazzate suscettibili di essere strumentalizzate politicamente, e che invece, per tutto il resto, ti hanno già reso irrimediabilmente *passivo* rispetto agli eventi e alle prove della vita? L'hai capito che ti usano per i cortei, ma per il resto ti hanno narcotizzato-medicalizzato-patologizzato, e ti stanno fottendo il presente e il futuro?

Io te lo dico e te lo scrivo, e forse mi odierai per questo. Ma dovresti preoccuparti e arrabbiarti con quelli che – con finti applausi – stanno lavorando alla tua schiavitù morale, intellettuale e presto anche materiale. Svegliati, prima che sia troppo tardi…

10

Conclusione-appendice. L'ultima parola alla signora Thatcher. Pure sull'Europa, aveva ragione lei. E se ripartissimo dal suo gigantesco discorso di Bruges?

Traduzione e note a cura di Daniele Capezzone

Mi permetto di proporre ai lettori di queste pagine – come appendice ma soprattutto come dono conclusivo – una piccola sfida, un gioco, un test. Ho ritradotto (trovate tutto tra poco) il gigantesco discorso che Margaret Thatcher tenne a Bruges il 20 settembre del 1988, ormai trentasei anni fa.

Ecco, leggetelo (se non lo conoscete), oppure rileggetelo (se vi è già noto), e provate a togliere di mezzo qualche espressione inevitabilmente rivelatrice dell'anno in cui fu pronunciato. Ad esempio, immaginate di sostituire «Comunità europea» con «Unione europea». Sono quasi certo del fatto che, con questo piccolo accorgimento, il discorso vi sembrerà essere stato pensato-scritto-letto non più tardi di oggi stesso. Di più: vi apparirà come un possibile faro nella nebbia rispetto all'attuale situazione in Ue e alle più recenti elezioni europee del giugno scorso.

In tempi (i nostri) liquidi, anzi gassosi, in cui tutto vola via e sembra svanire pressoché istantaneamente, la magia di alcuni princìpi solidi come la roccia sta proprio qui: nonostante il trascorrere dei decenni, quelle idee restano vivissime e sono ancora capaci di orientarci, di indicarci un criterio e una strada.

Intendiamoci, comprendo bene quanto la fatica della politica richieda ai nostri attuali leader esercizi tattici: a maggior ragione in una fase storica in cui, tranne rare eccezioni, le stagioni di governo tendono a durare sempre meno. Ma proprio per questo, e forse anche per invertire questa china, occorrerebbe che lo spazio della tattica si comprimesse a beneficio di quello della strategia, delle visioni di fondo, delle idee potenti. In mancanza di questo, a cosa rischia di ridursi la politica? A un misto di lotta tra bande e talent show, di rissa e intrattenimento leggero: così leggero – a volte – che nemmeno ne conserviamo la memoria il mattino successivo.

E allora proviamo insieme, aiutati dall'ispirazione thatcheriana, ad alzare un poco l'asticella. Pensiamoci un istante, anche in considerazione del voto europeo che è alle nostre spalle. Tantissimi – com'è naturale – si sono chiesti *per chi* votare. Ma molti meno – purtroppo – sono stati portati a chiedersi *perché votare*, cioè *per che cosa, per quale obiettivo*.

Abbiamo forse votato per appartenenza, per chi ha la fortuna di avere certezze di questo tipo. Oppure abbiamo votato in base alla contrapposizione tra centrodestra e centrosinistra, proiettandola su scala europea: gli uni, da destra, sperando di disarticolare l'alleanza ibrida che gestisce l'Ue da tempo immemorabile (o almeno – operazione poi aritmeticamente non riuscita – augurandosi di depotenziarne alcuni degli attori tradizionali, o di modificare il dosaggio interno all'alleanza, o di dare ingresso nella stanza dei bottoni a nuove forze); e gli altri, da sinistra, per impedire «la temibile avanzata delle destre». Altri ancora, pragmaticamente, hanno votato in base ad alcune *policies* amate o invece detestate: ad esempio, a favore o contro la cosiddetta agenda *green*, oppure a favore o contro un approccio più rigido o invece più lassista in materia di immigrazione. E – si badi bene – sono tutti criteri che hanno una loro indubbia razionalità politica.

Rischiava tuttavia di mancare (anzi, meno eufemisticamente: è mancata) una visione di fondo. Ci piace o non ci piace lo stato attuale del progetto europeo? Lo riteniamo corrispondente o meno alle speranze dei fondatori? E quelle speranze erano a loro volta realistiche? O, ammesso che fossero desiderabili, qual era (qual è) il modo più saggio di inverarle? Occorre – come sostengono quelli che, con un filo di sarcasmo, definisco da tempo gli *eurolirici* – correre a passo di carica verso una prospettiva di sempre maggiore e più sistematica integrazione? O invece è il caso – come personalmente credo – di seguire una strada diversa? Oppure, come sta accadendo da almeno cinque anni, facciamo finta di nulla e restiamo in mezzo al guado, muovendoci su un immaginario tapis roulant dove, per quanto tu corra e sudi, resti sempre nello stesso posto, magari chiuso in una stanza senza finestre?

E ancora, su un piano diverso: siamo convinti che sia saggio dedicare così tanto tempo ed energia agli aspetti strettamente istituzionali dell'Unione, alle sue complicatissime architetture organizzative, mentre continuiamo a trascurare la sfida della crescita economica, del dinamismo, dello sviluppo, della prosperità individuale e collettiva, della creazione di ricchezza? Non si rischia di diventare – oltre che *eurolirici* – pure *eurocentrici* ed *euroillusi*, cioè convinti di un'eterna e immutabile centralità europea garantita per diritto divino, mentre in realtà altre nazioni e continenti corrono molto più veloci di noi?

In ultima analisi, *what do you want to achieve*? Anzi: *what do we want to achieve*? Questa è la domanda che – anche rispetto alla vita personale e professionale di ciascuno –

ci sentiamo spesso rivolgere dagli amici anglosassoni, che sanno sempre richiamarci alla concretezza e impartirci una salutare lezione di pragmatismo. Noi mediterranei tendiamo ad accapigliarci su aspetti teorici, pirandelleggiamo (povero Pirandello, che in verità non merita questo sfregio) sull'infinito sfaccettarsi delle verità e delle cose, amiamo usare un lessico fatto più per celare che per chiarire, perché in ultima analisi vogliamo tenerci le mani libere, puntiamo a rimanere vaghi e sfuggenti. Ecco, davanti a tutto questo, anche in un dialogo disteso davanti a un paio di boccali di birra, un interlocutore proveniente da Londra o da Washington tende a dirci: ma tu cosa vuoi davvero raggiungere? Che obiettivo ti sei realmente prefissato?

A me pare che questo stesso metodo, questo richiamo alla realtà effettiva, debba valere non solo nella nostra vita privata, ma pure rispetto ai progetti politici e istituzionali. Che cosa vogliamo veramente ottenere attraverso il progetto dell'Ue? Ci accontentiamo della mediocrità attuale? Facciamo finta di non vedere la sequenza di fallimenti (o di patenti manifestazioni di irrilevanza) di cui Bruxelles è stata e continua a essere protagonista? Tentiamo un rilancio velleitario verticalizzando e irrigidendo sempre di più la catena del potere, travolgendo le opinioni pubbliche nazionali, commissariando i governi, esautorando i parlamenti, affidando poteri immensi a una burocrazia e a una linea di comando rigorosamente non elettive? O forse – ecco l'uovo di Colombo – non vale la pena di immaginare qualcosa di più circoscritto ma più serio, più realistico e insieme più difendibile, più comprensibile per cittadini che subiscono da decenni una delusione dopo l'altra?

È sbagliato contrapporre il pragmatismo alle idealità, come se i pragmatici fossero necessariamente dei cinici senza princìpi: è invece possibile (e quanto auspicabile!)

un pragmatismo nutrito di idealità e di princìpi. È ciò che si richiede al saggio comandante di una nave: avere chiaro il porto, l'approdo da raggiungere; tenere bene a mente la rotta; ma essere anche sufficientemente flessibile da adattare le decisioni a evenienze nuove e magari impreviste, correggendo quanto si era inizialmente previsto, senza affezionarsi in modo feticistico a un solo schema o alle decisioni tratteggiate prima di salpare.

Fuor di metafora, se si sta andando a sbattere, perché insistere? Peggio ancora: perché accelerare? Perché criminalizzare il mozzo (o il passeggero) che osi suggerire una mossa diversa, una variante, una correzione di rotta? Perché insistere nella *denial strategy*, nella negazione ossessiva e sistematica delle difficoltà e dei fallimenti, di volta in volta scaricati – semmai – su capri espiatori di comodo?

Il gioco è tanto stucchevole quanto intellettualmente disonesto. Si riconosce che l'Ue abbia fallito su una-due-dieci-cento questioni, ma poi, invariabilmente, si chiede «più Europa». Non ha funzionato? E allora datecene di più. Con ciò rottamando – simultaneamente – non solo la possibilità di essere compresi da segmenti via via crescenti di opinione pubblica, ma pure un minimo di razionalità e di logica.

Ecco perché questa piccola appendice non è solo un omaggio a lady Thatcher e alla sua visione preveggente e anticipatrice. Detesto – nella pubblicistica corrente – l'uso e l'abuso del termine «profezia»: qualunque improvvisatore, e perfino qualche modesto spacciatore di frottole (meno *House of cards* e più *House of three cards*, per capirci), se per caso azzecca una previsione, viene subito qualificato come «profeta». Roba da ridere. Ma qui la parola «profezia» è assolutamente appropriata. «Ci sta» direbbero i telecronisti di calcio di questo nostro tempo. Margaret Thatcher aveva messo in guardia per tempo contro la deriva verso la quale Bruxelles si era purtroppo incamminata, e soprattutto – senza eccessi, senza provocazioni, senza esagerazioni – aveva offerto uno schema alternativo ragionevole.

Curioso anche questo aspetto di metodo, a ben vedere, e tutt'altro che marginale. Gli odiatori della Lady di ferro l'hanno sempre presentata, e continuano imperterriti a farlo, come un'ideologa rigida e inflessibile, come una donna incline allo scontro e anzi desiderosa di prendere metaforicamente a borsettate i suoi contraddittori. E invece, se si rilegge questo suo testo senza pregiudizi, se ne apprezzerà anche il pragmatismo, la ragionevolezza, la costante indicazione di percorsi effettivamente praticabili, l'offerta costante di una *pars construens*. Sto per scrivere un aggettivo di cui tendo in genere a diffidare, che chiamerebbe verso di me l'appena evocata borsettata thatcheriana: è un testo *moderato*.

Ci verremo. Così come verremo – e il raffronto non farà onore ai tempi che viviamo oggi – alla qualità della discussione che la Thatcher cercò di innescare, contrapposta al senso di asfissia e di claustrofobia generato dalle attuali discussioni sull'Europa. Verrebbe da dire: ma di cosa stiamo parlando oggi? Perché tanto tempo e tante energie dedicate ad aspetti tutto sommato marginali e inconsistenti? Perché ci affatichiamo in piccole baruffe, o restiamo prigionieri della tenaglia fra lite e consociazione, fra tafferuglio e pateracchio? Le pagine che seguono ci offrono un'altra discussione possibile: un grande scontro (o magari un grande incontro) su princìpi, idee, prospettive.

Ma, prima di esaminarlo e commentarlo insieme in ogni suo aspetto, è venuto il momento di (ri)leggere lo *speech*, anzi il *Bruges Speech*.

Il discorso

Signor Primo Ministro, signor Rettore, Vostre Eccellenze, Signore e Signori.

Prima di ogni cosa, permettetemi di dire grazie per avermi donato l'opportunità di tornare a Bruges in circostanze assai diverse dalla mia ultima visita poco dopo il disastro di Zeebrugge, quando il coraggio belga e la dedizione dei vostri medici e infermieri salvarono così tante vite britanniche.

In secondo luogo, consentitemi di dire che piacere sia per me parlare al Collegio d'Europa sotto l'illustre guida del suo Rettore. Il Collegio ha un ruolo vitale e via via più importante nella vita della Comunità europea.

In terzo luogo, permettetemi di esservi grata per avermi invitato a pronunciare il mio discorso in questa meravigliosa sala. Quale miglior luogo per discutere del futuro dell'Europa se non un edificio che così gloriosamente ci richiama alla grandezza che l'Europa seppe già raggiungere oltre seicento anni fa.

La vostra città di Bruges ha molti altri legami storici con noi in Gran Bretagna. Geoffrey Chaucer fu un visitatore abituale qui. E il primo libro a essere stampato in lingua inglese fu realizzato proprio qui a Bruges da William Caxton.

La Gran Bretagna e l'Europa

Signor presidente, lei mi ha invitato a parlare sul tema della Gran Bretagna e dell'Europa. Devo probabilmente rallegrarmi con lei per il suo coraggio. Se si crede anche solo ad alcune delle cose dette e scritte a proposito delle mie idee sull'Europa, dev'essere un po' come invitare Gengis Khan a parlare delle virtù della pacifica convivenza!

Vorrei partire dal togliere di mezzo alcuni miti a proposito del mio Paese, la Gran Bretagna, e del suo rapporto con l'Europa, e per far questo dovrò dire qualcosa sull'identità dell'Europa stessa. L'Europa non è una creazione del Trattato di Roma. Né l'idea europea è proprietà di qualunque gruppo o istituzione.

Noi britannici siamo tanto eredi della tradizione della cultura europea quanto ogni altra nazione. I nostri legami con il resto dell'Europa, con il continente europeo, sono stati il fattore dominante nella nostra storia. Per trecento anni, siamo stati parte dell'impero romano e le nostre mappe mostrano ancora le linee rette delle strade costruite dai Romani. I nostri antenati – Celti, Sassoni, Danesi – venivano dal continente. La nostra nazione è stata – usando un termine tra i preferiti della Comunità – «ristrutturata» sotto la dominazione normanna e angioina nell'undicesimo e dodicesimo secolo. Quest'anno celebriamo il trecentesimo anniversario della Gloriosa rivoluzione durante la quale la corona britannica passò al principe Guglielmo d'Orange e alla regina Maria. Visitate le grandi chiese e cattedrali della Gran Bretagna, leggete la nostra letteratura, ascoltate la nostra lingua: tutto vi porterà testimonianza delle ricchezze culturali che noi abbiamo tratto dall'Europa e che altri europei hanno tratto da noi.

Noi in Gran Bretagna siamo giustamente fieri del modo in cui, a partire dalla *Magna Carta* nel 1215, siamo stati pionieri delle istituzioni rappresentative e le abbiamo sviluppate come bastioni di libertà. E siamo anche orgogliosi del modo in cui per secoli la Gran Bretagna è stata rifugio per chiunque, dal resto d'Europa, cercasse riparo dalla tirannia. Ma sappiamo bene che senza l'eredità europea delle idee politiche non avremmo potuto ottenere così tanto. Abbiamo preso in prestito dal pensiero classico e medievale il concetto di *rule of law* che distingue una società civile da una barbarie. E su quell'idea della Cristianità, alla quale il Rettore ha fatto riferimento – Cristianità così a lungo sinonimo di Europa – con il suo riconoscimento della natura unica e spirituale dell'individuo, su quell'idea noi ancora fondiamo la nostra fede nella libertà personale e negli altri diritti umani.

Troppo spesso, la storia d'Europa è descritta come una sequenza interminabile di guerre e contese. Eppure dalla nostra prospettiva oggi ciò che ci colpisce di più è la nostra esperienza comune. Ad esempio, la storia di come gli europei abbiano esplorato e colonizzato e – sì, diciamolo senza dovercene scusare – civilizzato gran parte del mondo è una straordinaria storia di talento, capacità e coraggio.

Ma noi britannici abbiamo fatto la nostra parte per l'Europa in un modo molto speciale. Nel corso dei secoli abbiamo combattuto per impedire che l'Europa cadesse sotto il comando di un unico potere. Abbiamo combattuto e siamo morti per la sua libertà. Soltanto a poche miglia da qui, in Belgio, giacciono i corpi dei 120.000 soldati britannici che morirono durante la Prima guerra mondiale. Se non fosse stato per quella volontà di combattere e morire, l'Europa sarebbe stata sì unita molto prima di ora, ma non nella libertà, non nella giustizia. È stato il supporto britannico ai movimenti di resistenza durante l'ultima guerra che ha contribuito a tenere viva la fiamma della libertà in così tanti Paesi fino al giorno della liberazione. Domani, re Baldovino parteciperà a una cerimonia a Bruxelles per ricordare i molti coraggiosi belgi che diedero la loro vita in servizio con la Royal Air Force, un sacrificio che noi non dimenticheremo mai. Ed è stato dalla nostra isola fortezza che la stessa liberazione dell'Europa fu preparata. E ancora, oggi, noi stiamo insieme. Circa 70.000 militari britannici sono dislocati sul continente europeo. Già tutte queste cose sono prova del nostro impegno per il futuro dell'Europa.

La Comunità europea è una manifestazione di quella identità europea, ma non è l'unica. Non dobbiamo mai dimenticare che a est della Cortina di ferro, quelli che un tempo avevano piena condivisione rispetto alla cultura, all'identità e alla libertà europea sono stati privati delle loro radici. Guarderemo sempre a Varsavia, Praga e Budapest come grandi città europee. Né dobbiamo dimenticare che i valori europei hanno aiutato a fare degli Stati Uniti d'America il valoroso difensore della libertà che sono divenuti.

Il futuro dell'Europa

Questa non è un'arida cronaca di fatti oscuri tratti dalle polverose biblioteche della storia. È invece la memoria di quasi duemila anni di coinvolgimento britannico in Europa, di cooperazione con l'Europa e di contributo all'Europa, contributo che oggi è valido e forte come sempre. Sì, abbiamo anche guardato a orizzonti più ampi – come hanno fatto altri – e c'è da ringraziare il cielo per questo, perché l'Europa non avrebbe mai prosperato né mai prospererà nella forma di un circolo ristretto e ripiegato su sé stesso. La Comunità europea appartiene a tutti i suoi membri. E deve riflettere le tradizioni e le aspirazioni di tutti i suoi membri.

Permettetemi di essere assolutamente chiara. La Gran Bretagna non sogna una qualche confortevole e isolata esistenza ai margini della Comunità europea. Il nostro destino è in Europa, come parte della Comunità. Questo non vuol dire che il nostro futuro sia solo in Europa, ma ciò non vale nemmeno per la Francia o la Spagna o qualsiasi altro Stato membro. La Comunità non è un fine in sé. Né si tratta di un meccanismo istituzionale da modificare costantemente in base ai dettami di qualche concetto intellettuale astratto. Né va ossificata attraverso una regolamentazione senza fine. La Comunità europea è uno strumento pratico attraverso il quale l'Europa può assicurare la futura prosperità e la sicurezza della sua gente in un mondo in cui ci sono molte altre potenti nazioni e gruppi di nazioni.

Noi europei non possiamo permetterci di sprecare energie in dispute interne o in arcani dibattiti istituzionali. Non possono essere sostituti di un'azione efficace. L'Europa deve essere pronta sia a contribuire appieno alla propria sicurezza sia a competere commercialmente e industrialmente in un mondo in cui il successo va ai Paesi che incoraggiano l'iniziativa individuale e l'intrapresa, piuttosto che a quelli che tendono a scoraggiarle.

Questa sera voglio fissare alcuni princìpi guida per il futuro che credo assicureranno che l'Europa abbia successo, non solo in termini economici e di difesa ma anche nella qualità della vita e nell'influenza dei suoi popoli.

Cooperazione volontaria tra Stati sovrani

Il mio primo principio guida è questo: una cooperazione attiva e volontaria tra Stati sovrani indipendenti è la maniera migliore di costruire una Comunità europea di successo.

Provare a sopprimere il concetto di nazionalità e concentrare potere al centro di un agglomerato europeo sarebbe altamente dannoso e metterebbe a repentaglio gli obiettivi che tentiamo di perseguire.

L'Europa sarà più forte proprio perché ha la Francia in quanto Francia, la Spagna in quanto Spagna, la Gran Bretagna in quanto Gran Bretagna, ognuna con i suoi propri costumi, tradizioni e identità. Sarebbe folle tentare di adattarle in un qualche modello di personalità europea tipica. Alcuni dei padri fondatori della Comunità ritenevano che gli Stati Uniti d'America potessero essere il modello. Ma tutta la storia d'America è ben differente da quella dell'Europa. Le persone si recarono lì per fuggire dall'intolleranza e dalle costrizioni della vita in Europa. Cercavano libertà e opportunità; e la loro forte motivazione, lungo due secoli, ha aiutato a creare una nuova unità e un orgoglio nell'essere americani, esattamente come il nostro orgoglio risiede nell'essere britannici o belgi o olandesi o tedeschi.

Sono la prima a sostenere che su molte grandi materie le nazioni d'Europa dovrebbero cercare di esprimersi con una sola voce. Voglio vederci lavorare più vicini sulle cose che possono essere fatte meglio insieme che non da soli. L'Europa è più forte quando agiamo così, che si tratti di commercio, di difesa, o dei nostri rapporti col resto del mondo. Ma lavorare insieme più da vicino non implica che il potere debba essere centralizzato a Bruxelles o che le decisioni debbano essere prese da una burocrazia nominata.

Semmai, è ironico il fatto che proprio mentre quei Paesi come l'Unione Sovietica, che hanno cercato di gestire tutto in maniera centralizzata, stanno apprendendo che il successo dipende dalla diffusione e dalla decentralizzazione del potere e delle decisioni, ci siano alcuni nella Comunità che paiono volersi muovere in direzione opposta. Noi non abbiamo fatto arretrare con successo le frontiere dello Stato in Gran Bretagna solo per vederle reimposte a livello europeo con un super-Stato europeo che esercita un nuovo dominio da Bruxelles.

Certamente desideriamo vedere un'Europa più unita e con un più grande senso di missione comune. Ma ciò deve avvenire in un modo che preservi le differenti tradizioni, i poteri parlamentari e il senso di orgoglio nazionale nel Paese di ciascuno; perché questa è stata la fonte della vitalità dell'Europa attraverso i secoli.

Incoraggiare il cambiamento

Il mio secondo principio guida è questo: le politiche della Comunità devono affrontare i problemi esistenti in un modo pratico, per quanto ciò possa non essere facile. Se non siamo capaci di riformare le politiche della Comunità che sono patentemente sbagliate o inefficaci e che stanno giustamente causando turbamento nell'opinione pubblica, allora non otterremo il supporto dei cittadini per il futuro sviluppo della Comunità. E questo è il motivo per cui i risultati del Consiglio europeo a Bruxelles lo scorso febbraio sono tanto importanti.

Non era giusto che la metà di tutto il bilancio comunitario venisse spesa in conservazione e smaltimento delle eccedenze alimentari. Adesso queste scorte sono in via di netta riduzione. Era assolutamente giusto decidere che la quota di bilancio per l'agricoltura fosse tagliata allo scopo di rendere disponibili risorse per altre politiche, come aiutare le regioni meno sviluppate e sostenere la formazione al lavoro. È stato anche giusto introdurre una più stretta disciplina di bilancio per consentire l'attuazione di queste decisioni e per portare la spesa della Comunità sotto un controllo migliore. E coloro che si lamentavano del fatto che la Comunità stesse impiegando così tanto tempo sui dettagli finanziari mancavano il punto. Non puoi costruire su fondamenta instabili, finanziarie o di altro tipo, e sono state le fondamentali riforme concordate lo scorso inverno quelle che hanno aperto la strada per i notevoli progressi che abbiamo compiuto sul mercato unico. Ma non possiamo adagiarci su ciò che abbiamo ottenuto finora. Per esempio, il compito di riformare la Politica agricola comune è tutt'altro che completato. Certamente, l'Europa ha bisogno di un comparto agricolo stabile ed efficiente. Ma la Pac è divenuta pesante, inefficiente e grossolanamente costosa. La produzione di eccedenze non desiderate non salvaguarda né il reddito né il futuro degli stessi agricoltori. Dobbiamo continuare a perseguire politiche che mettano più efficacemente in rapporto l'offerta con le richieste del mercato, e che quindi ridurranno la sovrapproduzione e limiteranno i costi. Naturalmente, dobbiamo proteggere i villaggi e le aree rurali che rappresentano una parte così importante della nostra vita nazionale, ma non attraverso lo strumento dei prezzi agricoli.

Affrontare questi nodi richiede coraggio politico. La Comunità danneggerà solo sé stessa agli occhi della sua stessa gente e del mondo esterno se quel coraggio sarà mancante.

Un'Europa aperta all'intrapresa

Il mio terzo principio guida è la necessità di politiche della Comunità che incoraggino l'intrapresa. Se l'Europa deve prosperare e creare i lavori del futuro, l'impresa è la chiave.

L'impianto di base c'è già: lo stesso Trattato di Roma era stato concepito come una Carta per la libertà economica.

Ma questo non è il modo in cui quel trattato è stato letto, e meno che mai applicato. La lezione della storia economica dell'Europa negli anni Settanta e Ottanta è che la pianificazione centralizzata e il controllo dettagliato non funzionano, mentre funzionano lo sforzo e l'iniziativa individuale. E che un'economia a controllo di Stato è una ricetta per la bassa crescita, e che la libera intrapresa in un quadro di diritto produce risultati migliori.

Lo scopo di un'Europa aperta all'impresa è la forza motrice che è stata dietro la creazione del Mercato unico europeo prevista per il 1992. Liberandoci delle barriere, rendendo possibile per le imprese di operare su scala europea, possiamo competere meglio con gli Usa, il Giappone e le altre nuove potenze economiche emergenti in Asia e altrove. E questo implica un'azione per aprire i mercati, per allargare la possibilità di scelta, per ridurre l'intervento governativo. Il nostro scopo non dovrebbe essere una regolamentazione dal centro sempre più dettagliata: dovrebbe essere deregolamentare e rimuovere i vincoli al commercio.

La Gran Bretagna è stata all'avanguardia nell'aprire i suoi mercati agli altri. La City di Londra ha da tempo accolto istituzioni finanziarie da tutto il mondo, il che è il motivo per cui è il centro finanziario più grande e più di successo in Europa. Abbiamo aperto il nostro mercato degli impianti di telecomunicazione, abbiamo introdotto concorrenza nei servizi e perfino nella stessa rete, passi che altri in Europa stanno solo ora cominciando ad affrontare. Nel trasporto aereo, abbiamo assunto un ruolo guida nella liberalizzazione e abbiamo visto i benefici in termini di tariffe meno care e di una più ampia possibilità di scelta. Il nostro commercio di cabotaggio è aperto alle marine mercantili europee.

Ci piacerebbe poter dire lo stesso di molti altri membri della Comunità. A proposito delle questioni monetarie, consentitemi di dire questo. La questione chiave non è se debba esserci una Banca centrale europea. Le esigenze immediate e concrete sono:

- attuare l'impegno della Comunità a favore della libera circolazione dei capitali – in Gran Bretagna, noi l'abbiamo;
- abolire il controllo dei cambi nella Comunità – in Gran Bretagna, l'abbiamo abolito nel 1979;
- stabilire un autentico libero mercato dei servizi finanziari per ciò che riguarda banche, assicurazioni, investimenti;
- e fare un maggior uso dell'Ecu (Unità di conto europea).

Quest'autunno, la Gran Bretagna emetterà buoni del Tesoro denominati in Ecu e si augura di vedere altri governi della Comunità fare sempre di più la stessa cosa.

Queste sono le vere esigenze, perché si tratta di ciò di cui le imprese e l'industria della Comunità hanno bisogno se devono competere con successo nel resto del mondo. E si tratta di quello che i consumatori europei desiderano, perché ciò allargherà le loro possibilità di scelta e ridurrà i loro costi. È a questi basilari passi concreti che l'attenzione della Comunità dovrebbe essere rivolta. Una volta raggiunti questi e sostenuti per un periodo di tempo, allora ci troveremo in una posizione migliore per decidere la mossa successiva.

Vale lo stesso per le frontiere tra i nostri Paesi. Naturalmente, noi vogliamo rendere più facile per le merci attraversare le frontiere. Naturalmente, noi dobbiamo rendere più facile per le persone viaggiare attraverso la Comunità. Ma è un tema di elementare buon senso che non possiamo abolire totalmente i controlli alle frontiere se contemporaneamente vogliamo proteggere i nostri cittadini dalla criminalità e se vogliamo fermare i movimenti di droghe, di terroristi e di migranti illegali. Questo è stato platealmente evidenziato appena tre settimane fa, quando un coraggioso agente doganale tedesco, compiendo il suo dovere alla frontiera tra Olanda e Germania, ha inflitto un grande colpo ai terroristi dell'Ira.

E prima di lasciare il tema del mercato unico, permettetemi di dire che certamente non abbiamo bisogno di nuove regolamentazioni che aumentino il costo del lavoro e che rendano il mercato del lavoro dell'Europa meno flessibile e meno competitivo rispetto ai fornitori oltreoceano. Se dobbiamo avere uno Statuto societario europeo, dovrà avere una regolamentazione minima. E di certo noi in Gran Bretagna contrasteremmo eventuali tentativi di introdurre collettivismo e corporativismo a livello europeo – per quanto ciò che i popoli desiderano fare nei propri Paesi sia affar loro.

Un'Europa aperta al mondo

Il mio quarto principio guida è che l'Europa non dovrebbe essere protezionista.

L'espansione dell'economia mondiale ci richiede di continuare il processo di rimozione delle barriere al commercio, e di farlo nelle negoziazioni multilaterali del Gatt. Sarebbe un tradimento se, mentre abbattiamo i vincoli al commercio dentro i confini dell'Europa, la Comunità si mettesse a erigere più forti protezioni esterne. Noi dobbiamo far sì che il nostro approccio al commercio mondiale sia coerente con la liberalizzazione che predichiamo a casa nostra. Abbiamo la responsabilità di svolgere un ruolo guida su questo, una responsabilità che è specialmente rivolta verso le nazioni meno sviluppate. Esse non hanno soltanto bisogno di aiuti; più di ogni altra cosa, necessitano di migliori opportunità di commercio, se devono conquistarsi la dignità di una crescente forza e indipendenza economica.

Europa e difesa

Il mio ultimo principio guida concerne la questione più fondamentale: il ruolo delle nazioni europee rispetto alla difesa.

L'Europa deve continuare a mantenere una solida difesa attraverso la Nato. Non è immaginabile un rilassamento dei nostri sforzi, per quanto ciò significhi assumere decisioni difficili e affrontare costi pesanti. È alla Nato che noi dobbiamo la pace che è stata mantenuta per oltre quarant'anni.

Il fatto è che le cose stanno andando per il giusto verso: il modello democratico di una società basata sulla libera intrapresa ha provato la sua superiorità; la libertà è all'offensiva, una pacifica offensiva in tutto il mondo, per la prima volta lungo il tempo della mia vita.

Dobbiamo sforzarci di mantenere l'impegno degli Stati Uniti per la difesa europea. E questo vuol dire riconoscere l'onere, in termini di loro risorse, del ruolo mondiale che essi svolgono, e riconoscere la loro visione per cui i loro alleati debbano pienamente farsi carico della difesa della libertà, particolarmente mentre l'Europa diviene più ricca. Sempre di più, guarderanno all'Europa affinché giochi un ruolo nella difesa fuori area, come abbiamo fatto di recente nel Golfo.

La Nato e l'Unione dell'Europa Occidentale hanno da tempo riconosciuto dove siano i problemi della difesa europea, e hanno evidenziato le soluzioni. È venuto il tempo in cui dobbiamo dare sostanza alle nostre dichiarazioni a proposito di un intenso sforzo per la difesa con un miglior rapporto tra costi e qualità. Non è un problema istituzionale. Non è un problema di stesura di testi. È qualcosa di più semplice e al tempo stesso più profondo: è una questione di volontà politica e di coraggio politico, di convincere gli elettori in tutte le nostre nazioni che non possiamo contare per sempre sugli altri per la nostra difesa, ma che ogni membro dell'Alleanza deve assumersi una ragionevole quota dell'onere.

Dobbiamo mantenere il supporto dell'opinione pubblica per la deterrenza nucleare, ricordando che le armi obsolete non sono un deterrente efficace, e quindi c'è necessità di modernizzazione. Dobbiamo soddisfare le esigenze per una difesa convenzionale efficace in Europa contro le forze sovietiche che sono costantemente modernizzate. Dobbiamo sviluppare la Ueo (Unione Europea Occidentale), non come un'alternativa alla Nato, ma come un mezzo per rafforzare il contributo dell'Europa alla comune difesa dell'Occidente. Soprattutto, in un tempo di cambiamento e incertezza nell'Unione Sovietica e nell'Europa dell'Est, dobbiamo preservare l'unità e la fermezza dell'Europa cosicché, qualsiasi cosa possa mai accadere, la nostra difesa sia sicura.

Allo stesso tempo, dobbiamo negoziare sul controllo delle armi e tenere la porta aperta alla cooperazione su tutti gli altri temi affrontati dagli Accordi di Helsinki. Ma non dimentichiamo mai che il nostro modo di vivere, la nostra visione e tutto ciò che speriamo di raggiungere sono garantiti non dalla giustezza della nostra causa ma dalla forza della nostra difesa. Su questo, non dobbiamo mai vacillare, mai fallire.

Signor presidente, io credo che non sia abbastanza limitarsi a parlare in termini generali di una visione o un ideale europei. Se ci crediamo, dobbiamo tracciare il percorso da seguire e individuare i prossimi passi. E questo è ciò che ho provato a fare questa sera.

Questo approccio non richiede nuovi documenti: sono tutti là, il Trattato del Nord Atlantico, il Trattato di Bruxelles rivisto e il Trattato di Roma, testi scritti da uomini lungimiranti, e tra loro un notevole belga, Paul-Henri Spaak.

Per quanto lontano vogliamo andare, la verità è che possiamo fare solo un passo alla volta. E ciò di cui abbiamo bisogno ora è prendere decisioni sui prossimi passi in avanti, più che lasciarci distrarre da obiettivi utopistici. L'utopia non arriva mai, perché sappiamo che non ci piacerebbe se arrivasse.

Lasciamo che l'Europa sia una famiglia di nazioni, ciascuna comprendendo meglio le altre, ciascuna apprezzando meglio le altre, facendo più cose insieme ma assaporando le nostre identità nazionali non meno del nostro comune impegno europeo.

Facciamo in modo di avere un'Europa che svolga pienamente il suo compito nel mondo, che guardi all'esterno e non all'interno, e che preservi quella comunità atlantica – quell'Europa che sta su tutti e due i lati dell'Atlantico – che è la nostra eredità più nobile e la nostra forza più grande.

Consentitemi di ringraziarvi per il privilegio di tenere questa conferenza in questa grande sala di questo grande collegio.

Margaret Thatcher, Bruges, 20 settembre 1988

Sorpresa. È un testo utile anche per gli eurolirici, non soltanto per gli eurocritici: se solo gli uni e gli altri lo (ri)leggessero…

Chiunque non sia accecato dal pregiudizio, e abbia letto (o riletto) questo gigantesco *Speech* con un minimo di serenità d'animo e di onestà intellettuale, avrà fatto in alcune decine di minuti una scoperta sensazionale: non si tratta di un discorso utile soltanto per gli eurocritici, ma pure per gli eurolirici (se solo gli uni e gli altri lo leggessero…).

Gli eurocritici – da un lato – potrebbero fondare il loro attacco all'attuale Unione su basi razionali, liberalconservatrici, non ideologiche. Per un verso, infatti, finirebbe la favoletta (cara ai comunisti e pure a qualche «comunista di destra», come li chiamo io) dell'«Europa neoliberista»: ma quale liberismo? Semmai l'attuale Ue rappresenta una specie di trionfo del dirigismo, dello statalismo, dei piani pluriennali e delle decisioni uniformi calate dall'alto. Esattamente il contrario di ciò che un liberale pro mercato auspica, e cioè la messa in competizione di soluzioni diverse, possibilmente affidate ai livelli territoriali più vicini al cittadino contribuente. Al contrario, l'Unione europea come si è oggi venuta configurando è il luogo della paranoia regolatoria (ciò che non è regolato non è libero ma illegale, secondo la mentalità perversa degli invasati dell'ultranormazione comunitaria), per di più centralizzata a Bruxelles e imposta ai ventisette membri come una camicia di un'unica misura che tutti dovranno indossare. Per altro verso, sempre sul fronte eurocritico, ci sarebbe la meravigliosa opportunità di smontare l'argomento eurolirico secondo cui chi contesta l'attuale Unione abbia solo intenzioni distruttive. Qui invece c'è sempre una *pars construens*, e, come osservavo all'inizio dell'appendice, non c'è materia su cui la signora Thatcher non indichi concretamente un percorso possibile, una cosa che si possa davvero fare insieme.

Ma pure gli eurolirici – me ne rendo conto: in cambio, dovranno pagare un qualche prezzo di dolore intellettuale ed emotivo – potrebbero scoprire che lady Thatcher, la loro bestia nera, è, per paradosso, la Grande Eretica che può salvare, se non il Dogma, quanto meno un po' di Fede. Cosa voglio dire, uscendo dall'insidioso labirinto delle maiuscole? Intendo affermare che questo testo, anche letto attraverso lenti europeiste, chiarisce bene che la Thatcher non puntava affatto ad affondare l'Europa come tale e nemmeno la prospettiva di una costruzione istituzionale comunitaria: voleva – questo sì, e sia sempre benedetta – contrastare la minaccia di un super-Stato. Voleva cioè evitare che la malattia socialista che aveva contrastato per tutta la vita, una volta uscita dalla porta nazionale, rientrasse dalla finestra comunitaria.

E allora, messe le cose in questi termini, la Thatcher sfida tutti. Sfida gli eurocritici a non armarsi solo di un approccio demolitorio, ma a indicare cose che più Paesi possano fare insieme, senza imposizioni e comunque salvaguardando peculiarità e prerogative nazionali. E sfida gli eurolirici a rinnovare il loro approccio, a essere più flessibili e meno dogmatici, a ragionare laicamente su ciò che l'Europa possa fare (meno cose) anziché inseguire l'obiettivo di un'integrazione politica totale.

Una parentesi per l'oggi. Contrastare il socialismo post-Covid e post-guerra

Prima di riprendere in mano lo *Speech* per esaminarlo in ognuna delle sue sezioni, facciamo un salto verso l'oggi, verso la strettissima attualità, sempre ragionando su cosa potrebbe rappresentare un obiettivo desiderabile per un eurocritico razionale (e magari anche per un eurolirico, se non completamente pentito, per lo meno non troppo dogmatico).

Da sempre, dentro la Comunità e poi dentro l'Unione, si è combattuta un'aspra battaglia tra i regolatori ossessivi e invece le personalità dotate di un orientamento più liberale e pro mercato. La triste verità è che le seconde sono state travolte, schiacciate, sconfitte. Direi perfino umiliate: e non solo per il diluvio di micronorme volte a regolare ogni aspetto della vita umana che le diverse istituzioni Ue, con passione sadica, si ostinano a produrre. Sul delirio normativo di Bruxelles esiste ormai da decenni una vasta letteratura, a partire dall'indimenticabile tema della curvatura delle banane. Tutto ciò naturalmente denota una mentalità illiberale, rivela una pretesa normativa insopportabilmente elevata, ma – a ben vedere – è quasi folklore.

Il guaio maggiore è un altro, ed è il sempre più sistematico riaffacciarsi «europeo» di piani quinquennali alla sovietica. È qui che la malattia dirigista si manifesta in tutta la sua gravità, vorrei dire a uno stadio conclamato, contagioso, e probabilmente non più curabile. In un mondo che cambia in modo incessante, solo dei pianificatori scatenati e un po' allucinati possono pensare di programmare interventi (peraltro dal «centro», cioè da Bruxelles) su ventisette Paesi diversissimi tra loro, e – per giunta – spalmati su tempi assai dilatati (4-5-7 anni). E invece questo è ciò che incredibilmente continua ad accadere.

Tra persone minimamente ragionevoli e prudenti, consapevoli della mutevolezza e dell'incertezza in cui siamo immersi, si farebbe l'inverso: ci si preoccuperebbe (sia a livello europeo sia a livello nazionale) di creare un ambiente *entrepreneur-friendly*, cioè a bassa pressione fiscale e regolatoria e a elevato tasso di *favor* normativo e tributario per le imprese, e poi si lascerebbe il resto agli attori del mercato. E invece no: qui il *fatal conceit*, la presunzione fatale, porta i pianificatori a ritenersi così visionari e illuminati da poter prevedere tutto dal centro e per un tempo amplissimo.

Chiunque non sia scollegato dalla realtà considera questa pretesa una follia. Nemmeno il più lungimirante dei politici (europei o nazionali) può davvero sapere quali settori si riveleranno trainanti tra sette, otto anni e quali invece risulteranno fermi o in crisi. Dunque, saggezza suggerirebbe di non esagerare con il dirigismo: meglio limitarsi a tenere basse le tasse e l'oppressione burocratica, lasciando campo libero alle imprese e ai consumatori, insomma ai protagonisti della domanda e dell'offerta.

E invece? Accade regolarmente il contrario. La Thatcher lo spiega benissimo – direi profeticamente – alla fine degli anni Ottanta. Ma purtroppo, negli ultimi anni, per un verso il Covid e per altro verso gli eventi bellici hanno innescato una specie di insidioso nuovo «socialismo» (post-Covid e post-guerra, appunto), con piani giganteschi che puntano a un'innaturale e artificialissima «trasformazione», a un luciferino «riordino» dell'economia e delle sue priorità. I demiurghi, i sommi sacerdoti di stanza a Bruxelles (e le loro quinte colonne nazionali) si sentono titolati a scegliere i vincitori e i perdenti del futuro. Neanche fossero imperatori in un Colosseo 2.0, levano il loro pollice all'insù o all'ingiù e decretano la vita o la morte di un gladiatore. Peggio: tragicomicamente, pretendono di dire al gladiatore come debba riciclarsi. Nel caso del Pnrr, e ben più pericolosamente con il pacchetto concepito nell'ultima legislatura europea dal commissario Frans Timmermans, si richiederebbe di diventare tutti *green* e/o digitali, con un surreale livello di distacco dalla vita reale delle persone. Ma davvero pensiamo che, determinando (ad esempio per via di messa al bando dei motori a benzina e diesel) 60 o 70.000 posti di lavoro persi nell'automotive in Italia da qui al 2035, tutte quelle persone dovranno mettersi a fare – che so – i web designer o i social media manager? Io naturalmente estremizzo e caricaturizzo a scopo polemico: ma se qualcuno fosse sfiorato da pensieri del genere, robusti infermieri dovrebbero urgentemente occuparsi di lui.

La domanda è: si sentono molte voci (meritorie!) che si battono contro l'una o l'altra follia, ad esempio nel settore *green*. Ma si fatica a vedere un movimento che metta insieme una strategia di contrasto complessivo e che, per via induttiva (cioè partendo dalle contestazioni concrete e risalendo a un punto di principio), tiri fuori una linea politica di contrapposizione frontale a questo neodirigismo.

Per essere ancora più chiari: non si tratta di contestare solo i singoli punti cari ad esempio all'ecofondamentalismo (gli interventi su casa, auto, pesca, agricoltura, allevamenti, imballaggi e così via), né il punto è quello di spostare la tentazione dirigista in altra direzione. Come se la scelta pubblica degli obiettivi economici desiderabili divenisse più accettabile limitandosi a cambiare il senso di marcia dell'interferenza statale o superstatale. No: il punto è contestare in radice la pretesa del decisore pubblico di orientare l'economia, di dirigere la politica industriale, di «premiare» e «punire». È un'ambizione luciferina in generale: ma, in tempi di mutamenti incessanti e di *unpredictability* come cifra distintiva della nostra epoca, questo atto di *hybris* testimonia una speciale ottusità. Malattia – come si sa – rispetto alla quale non c'è rimedio efficace.

Ue? Nata prevedendo solo il «bel tempo»

Devo l'immagine a una figura acuta e lungimirante, Dan Hannan, già europarlamentare conservatore britannico, ora membro della House of Lords, editorialista del *Telegraph*, autore di saggi preziosi, e tra i principali architetti della campagna pro Brexit. Si fosse dato retta a lui anche nella fase post-referendum del 2016, la Gran Bretagna avrebbe forse scritto una storia diversa e migliore. Dopo la vittoria referendaria, infatti, sarebbe stato compito dei conservatori credere in quell'esito, e quindi scommettere su un taglio di tasse e su un attacco alla burocrazia che potessero fare del Regno Unito qualcosa di ancora più distinto da Bruxelles, un *hub* capace di attrarre risorse e investimenti. E invece pure i conservatori, in ciò adeguandosi all'*establishment* culturale di sinistra, hanno vissuto Brexit in termini di danno da ridurre anziché come un'opportunità. E l'occasione è stata largamente sciupata.

Ma non divaghiamo e torniamo alla fulminante immagine dell'Ue disegnata da Hannan: un esperimento costruito immaginando soltanto stagioni di «*fair weather*», cioè solo di bel tempo, una dimensione fatata-irenica-sognante tale da escludere l'eventualità stessa di una crisi. E invece le istituzioni servirebbero proprio a fronteggiare meglio i momenti critici, i frangenti non facili. L'Ue – anche in questo – si rivela dunque il paradigma di ciò che un'istituzione non dovrebbe essere. E non a caso, in tutte le situazioni delicate o critiche degli ultimi quindici anni, ha inanellato inerzia e fallimenti, un *non fare* e un *fare sbagliando,* rivelandosi nella migliore delle ipotesi inutile, nella peggiore addirittura dannosa. Prendi – in sequenza – la crisi finanziaria del 2008-2009; prendi la crisi greca, che in fondo coinvolgeva una percentuale letteralmente minima del Pil europeo; prendi le ricorrenti crisi migratorie; prendi il Covid; prendi la guerra russo-ucraina; prendi infine la crisi mediorientale innescatasi di nuovo nello scorso autunno. Ecco, non c'è stata una sola di queste circostanze in cui l'Ue abbia dato buona prova di sé, in cui abbia sorpreso in positivo i cittadini dei ventisette Paesi membri, in cui abbia giocato un ruolo determinante e benefico. O marginalità o errori catastrofici. *Tertium non datur.*

È esattamente il motivo per cui questo piccolo saggio – sulle orme del grande *Speech* thatcheriano – propone un cambio di paradigma: un'Ue che pretenda di fare meno cose, certamente, ma soprattutto che lasci spazio per un verso al mercato e per altro verso ai singoli membri del club, senza imporre a tutti un'unica soluzione disegnata dal super-Stato.

Note a margine, rileggendo lo Speech

Europa e Ue non sono sinonimi

Ora che abbiamo riletto insieme il gigantesco testo thatcheriano, abbiamo conquistato una prima certezza da opporre agli eurolirici e al loro tipico imbroglio semantico, e cioè l'uso delle parole «Europa» e «Unione europea» come se fossero sinonimi, anzi addirittura come termini intercambiabili.

Al contrario, tutta la parte iniziale dello *Speech* spiega bene perché la Gran Bretagna sia orgogliosamente parte costitutiva della storia europea, ma non volesse – allora, ai tempi della Thatcher, e meno che mai ora, dopo il referendum del 2016 – essere parte di un progetto di totale integrazione politica, un progetto di super-Stato.

I primi minuti del discorso della Thatcher servono a chiarire esattamente questo. Dopo un imprevedibile – per i suoi odiatori – lampo di autoironia («Se si crede anche solo ad alcune delle cose dette e scritte a proposito delle mie idee sull'Europa, dev'essere un po' come invitare Gengis Khan a parlare sulle virtù della pacifica convivenza!»), la Thatcher rivendica il legame tra il Regno Unito e la cultura classica europea, enumera i doni ricevuti e quelli restituiti nell'arco dei secoli, e spiega meravigliosamente almeno due cose.

La prima: le realtà storiche e i legami culturali non sono creati dalle leggi e dai trattati, meno che mai da fredde costruzioni normative o istituzionali avvenute «in laboratorio». Solo dei burocrati senza ideali (e forse senza idee) possono pensare che il paragrafo di un documento di lavoro possa cambiare la storia e la geografia, la letteratura e la musica, «ridisegnando» antropologie e destini. Per quella via – al massimo – può nascere o morire una costruzione *in vitro* come l'attuale Ue, non certo una spettacolare e plurimillenaria avventura umana come l'Europa.

La seconda: quelli che vengono pomposamente evocati come «valori europei» sono stati salvati in circostanze decisive quanto drammatiche proprio dalla Gran Bretagna («Nel corso dei secoli abbiamo combattuto per impedire che l'Europa cadesse sotto il comando di un unico potere. Abbiamo combattuto e siamo morti per la sua libertà», e ancora, poco più avanti, «Se non fosse stato per quella volontà di combattere e morire, l'Europa sarebbe stata sì unita molto prima di ora, ma non nella libertà, non nella giustizia»). E così, in poche righe essenziali ed eleganti, la Thatcher ricorda a tutti chi – dall'Anglosfera – abbia salvato sé stesso e gli altri da nazismo-fascismo-comunismo, e chi invece – nel Continente – avesse già ceduto alla bestia del totalitarismo nelle sue diverse incarnazioni.

Schiaffi preventivi (anzi, preveggenti) alla cancel culture e al politicamente corretto

Attenzione a un passaggio apparentemente laterale, si potrebbe dire marginalissimo dello *Speech*, e invece – riletto oggi – letteralmente preveggente. Eccolo: «Troppo spesso, la storia d'Europa è descritta come una sequenza interminabile di guerre e contese. Eppure dalla nostra prospettiva oggi ciò che ci colpisce di più è la nostra esperienza comune. Ad esempio, la storia di come gli europei abbiano esplorato e colonizzato e – sì, diciamolo senza dovercene scusare – civilizzato gran parte del mondo è una straordinaria storia di talento, capacità e coraggio».

Se siete – spero di no per voi – beghine *woke* o chierichetti *politically correct*, siete già svenuti leggendo queste righe. Se invece siete – come mi auguro – orgogliosamente ostili alla *cancel culture* e agli odierni tic progressisti, state godendo nel riassaporare ogni singola parola.

Diciamocelo, oggi quasi nessun leader di destra o centrodestra, nel nostro Occidente, avrebbe il coraggio di mettere in fila questi concetti: la rivendicazione non solo delle grandi esplorazioni ma delle vicende coloniali, presentate addirittura come momenti di civilizzazione di quei luoghi e di quelle società. E la Thatcher lo dice e lo spiega *without apology*, senza chiedere scusa, direi prendendo preventivamente a borsettate coloro che, trentasei anni dopo quello *Speech*, dedicano le proprie migliori energie a scusarsi per il passato occidentale o a rimuoverlo, abbattendo targhe e statue, rivedendo i programmi scolastici e universitari, rileggendo l'intera storia umana come una vicenda di soprusi e prepotenze del nostro mondo.

Il nostro tempo è sciaguratamente quello dell'odio di sé nel nostro Occidente; invece, i sentimenti e i ragionamenti della Thatcher – per sua fortuna – ci restituiscono tutt'altro: una consapevolezza profonda di ciò che fummo e che dovremmo ancora ambire a essere.

L'inversione tra mezzi e fini

Un punto decisivo del ragionamento thatcheriano è il monito a non confondere fini e mezzi. «La Comunità non è un fine in sé» dice la Thatcher, che poi precisa ancora meglio: «La Comunità europea è uno strumento pratico attraverso il quale l'Europa può assicurare la futura prosperità e sicurezza della sua gente». Un mezzo, dunque, non un fine: esattamente il contrario di ciò che purtroppo è avvenuto.

Ecco, questa confusione tra mezzi e fini ha portato a un disastro culturale e a un fallimento politico. Il disastro culturale è consistito in quello che Hayek avrebbe definito un caso di *fatal conceit*, di diabolica presunzione costruttivista: la pretesa dirigista di «modellare» la realtà, di imporre soluzioni dall'alto. A ben vedere, siamo dinanzi all'ultima utopia del Novecento (e, di tutta evidenza, non è un complimento), a un affastellarsi di caos, di scarsa libertà, di documenti in cui la lingua di legno prevale su tutto, di una costruzione concepita per tenersi alla larga sia dal controllo democratico e dall'*accountability* nei confronti dei contribuenti, sia dai principi di libertà economica pur così spesso – e ipocritamente – evocati. Una pericolosa costruzione in laboratorio: con l'elemento collettivo sempre prevalente su quello individuale, e con il mito della coesione sociale sempre prevalente sul valore della libertà. E con un caotico e incessante mutare di ogni regola, gerarchia delle fonti, procedura, e perfino confine geografico! Ha pienamente ragione, da questo punto di vista, chi evoca una contraddizione. Oggi molti criticano l'Ue con argomenti statalisti: ma non dovrebbero averne motivo, dal loro punto di vista, visto che quella di Bruxelles è una costruzione statalista, un luogo di *keynesismo* deteriore.

Il punto chiave: no a un super-Stato europeo

E siamo arrivati al cuore dello *Speech*. Mettiamola prima in versione *construens*. Cosa ci dice la Thatcher, a me pare, rileggendola trentasei anni dopo? Ci dice che il principale fallimento comunitario è stato quello di aver dimenticato la parte migliore (forse l'unica tuttora salvabile e rilanciabile) del progetto europeo: la libertà economica, la costruzione di un grande mercato. A ben vedere, sta proprio qui la parte su cui anche oggi varrebbe la pena di lavorare. Se ci fosse un filo di lucidità, l'Ue dovrebbe mettersi in corsa con decisione, abbandonare la follia del ministro delle finanze unico, ogni pretesa di omogeneizzazione fiscale, ogni idea di centralizzazione a Bruxelles delle spese e delle decisioni economiche, e scegliere invece la via di una virtuosa competizione fra Stati e territori. Il vecchio mondo non c'è più. C'è un'immensa arena economica e commerciale in cui si lotta per cogliere opportunità, per far machiavellianamente tesoro dell'«occasione», e soprattutto per fare del proprio territorio un «aeroporto» accogliente per capitali, investimenti, denaro.

L'Ue dovrebbe diventare – e sarebbe tantissimo, non pochissimo – «solo» una piattaforma di servizi. Offrendo a chi li vuole programmi e progetti, consentendo a ciascun Paese di scegliere la formula e il grado di coinvolgimento più adatti per sé. Rinunciando alle pretese di integrazione politica. Grideranno gli eurolirici: «Ma questo è un progetto di Europa *à la carte*». Non c'è dubbio: e al ristorante, infatti, è sempre meglio poter scegliere liberamente tra diverse portate, anziché farsi imporre il menu fisso. Per di più da un cuoco francese o tedesco.

Vediamo la stessa questione in ottica *destruens*. Cos'è che la Thatcher non vuole già nel 1988? Non vuole la prospettiva di un super-Stato europeo. Non vuole un'integrazione politica troppo spinta. Non vuole una verticalizzazione o una centralizzazione in capo a Bruxelles, meno che mai sganciata da una concreta possibilità di controllo parlamentare e popolare.

Questo determina alcune alternative che dobbiamo avere ben presenti: flessibilità (più soluzioni possibili, più gradi di integrazione e collaborazione) contro rigidità (soluzione unica uguale per tutti imposta a ventisette Stati); pragmatismo e approssimazioni successive contro ideologia e uniformità coatta decisa *ex ante*; democrazia e controllo (parlamentare e popolare) contro ogni tentazione di correggere-sterilizzare-bypassare la volontà dei cittadini; federalismo competitivo contro federalismo omogeneizzante.

È significativo il passaggio in cui la Thatcher sottolinea le differenze storiche tra gli Stati europei (ciascuno dotato di un'identità e di caratteristiche che non possono essere obliterate e cassate, in nome della costruzione in laboratorio di un inesistente «*homo europaeus*») e gli Usa (nati, invece, con un *sense of purpose* tutto proiettato in avanti, e legato alla nuova creatura immaginata dai Padri fondatori). Non a caso, per il nostro continente, lady Thatcher insiste sulla necessità di non attribuire funzioni eccessivamente ampie e in ultima analisi discrezionali e politicissime a una *appointed bureaucracy*. Di più: sottolinea il paradosso di voler puntare – qui – su un'ossessiva centralizzazione del potere proprio in coincidenza con la crisi e il crollo prossimo venturo (siamo nel settembre del 1988, non dimentichiamolo) di un sistema per antonomasia ipercentralizzato come quello sovietico.

Per queste ragioni, trentasei anni dopo, occorrerebbe riflettere cento volte – non solo una – sulla leggerezza con cui alcuni desiderano imporre a Bruxelles il criterio del voto a maggioranza. A prima vista potrebbe sembrare un modo per superare alcune lentezze, per evitare che qualcuno si autoattribuisca una funzione di blocco. Ma – riflettendoci meglio – procedere a maggioranza significa segnare per sempre la sorte dei Paesi eventualmente in minoranza, umiliandoli, imponendo loro soluzioni sgradite, rinnovando – dopo la tragedia, la farsa, secondo il noto adagio – le feroci pratiche del «centralismo democratico», notoriamente care, nel secolo scorso, proprio ai regimi comunisti e ai partiti che ne erano ardenti ammiratori.

Un salto nel presente: i rischi dell'approccio proposto da Mario Draghi

Senza polemica e senza asprezze, le pragmatiche riflessioni dello *Speech* thatcheriano mi paiono – tuttora – la migliore risposta alle accelerazioni costruttiviste e fortemente integrazioniste proposte oggi da numerose e autorevolissime personalità, tra le quali l'ex governatore della Bce e poi ex primo ministro italiano Mario Draghi.

Com'è noto, alcuni hanno fatto il nome di Draghi per rilevanti incarichi europei dopo le elezioni dello scorso giugno (ipotesi che poi non si è concretizzata), e in ogni caso, nei mesi precedenti al voto, la presidente uscente della Commissione Ue Ursula von der Leyen ha chiesto all'ex premier italiano di redigere un report sulla competitività.

Sta di fatto che – in una sequenza di interventi pubblici – Draghi si è mostrato come un campione della massima integrazione possibile, a favore di un potere decisionale di spesa e di allocazione di risorse fortemente centrato sulle istituzioni comunitarie (a cui non potrebbe che fare da *pendant* – in prospettiva – un altrettanto forte potere fiscale, nella logica di un'armonizzazione molto spinta), salvo però evocare la necessità di raccogliere ulteriori risorse in altro modo. Il che – di tutta evidenza – porta o al coinvolgimento anche di risorse e ricchezza private in nuovi megapiani (cosa che non rassicura), o a un ulteriore indebitamento (tramite Eurobond o in altra forma), cosa che, oltre a incontrare le note resistenze di mezza Europa, condurrebbe inevitabilmente a un'accelerazione nella logica di un *nation-building* europeo, ovvero – eufemismi a parte – a un pericoloso avvicinamento al super-Stato.

Lungi da noi disegnare – qui – caricature irrispettose delle opinioni che non ci convincono. Ma uno sguardo freddo e realista dovrebbe indurre gli stessi eurolirici a una maggiore cautela nella loro linea di integrazione imposta dall'alto.

Dare l'idea – da un punto di vista istituzionale – di voler «commissariare» i governi e i parlamenti nazionali spostando il cuore delle decisioni verso istituzioni non oggetto dello scrutinio popolare diretto (altro che *accountability*...) e simultaneamente – dal punto di vista economico – trasmettere la sensazione di avere progetti di incanalamento della ricchezza privata su megapiani di matrice pubblica è – questa sì – un'operazione pericolosa, che rischia di alimentare in quote non piccole di opinione pubblica la convinzione di una deriva a-democratica, in cui le vere decisioni sono prese sopra le teste dei cittadini e perfino sopra quelle dei loro rappresentanti.

Spiace dover ricordare nozioni elementari, come l'etimo della parola «democrazia», ma non è mai una buona idea separare l'esercizio del *kratos* da quella che dovrebbe essere sempre la sua fonte, e cioè il *demos*. Quando in Italia lo si è fatto, dal 2011 in poi, con governi certamente legittimi – in quanto destinatari secondo Costituzione della fiducia parlamentare – ma politicamente scollegati dalla volontà espressa dagli elettori nelle urne, si è compiuta un'operazione che, nel medio periodo, ha ulteriormente tolto credibilità alla politica senza peraltro alimentare fiducia nelle istituzioni, viste da segmenti crescenti di opinione pubblica come entità lontane, autoreferenziali, insensibili alla volontà popolare.

Pensare di traslare questo metodo dal livello nazionale a quello comunitario non pare affatto una buona idea. O meglio: inevitabilmente, una deriva di questo tipo accentuerà – anziché smorzare – la diffidenza di molti europei verso le istituzioni Ue. Varrebbe la pena di rifletterci: il gioco può sfuggire di mano non solo agli apprendisti stregoni, ma anche agli stregoni più esperti, autorevoli e collaudati.

Agricoltura e green*, i danni del dirigismo (e del doppio standard)*

Proprio i mesi che abbiamo alle spalle hanno visto – intrecciate tra loro come legni di vimini – due questioni roventi: per un verso l'agricoltura, con imponenti manifestazioni di produttori contro le politiche dell'Ue (a inizio 2024); per altro verso la temibile e ultradirigista agenda *green* imposta da Bruxelles.

È davvero interessante mostrare come i princìpi fatti valere in un caso siano stati contraddetti nel secondo, mettendo in scena uno spettacolare doppio standard. Dapprima, per decenni, si è sottratta al mercato l'agricoltura europea attraverso un sistema di dazi e sussidi. Poi, non di rado da parte degli stessi ambienti di sinistra o tecnocratici o di *establishment* tradizionale, si è iniziato a polemizzare contro questa impostazione, usando – talora – argomenti liberali e pro mercato. Ma subito dopo – ecco la capriola – si è ripresa in mano la cassetta degli attrezzi dirigista per spingere la transizione verde e imporla secondo logiche di pianificazione (super)statalista. Morale: sono improvvisamente piovute botte in testa agli agricoltori per forzarli verso il biologico, con tanto di prediche liberaleggianti contro il vecchio impianto di sussidi e dazi. Ma contemporaneamente si è riproposta pari pari la logica dei sussidi (e soprattutto della scelta politica!) per imporre auto elettriche ed energie rinnovabili. È questo cortocircuito che ha contribuito a far infuriare un pezzo consistente di opinione pubblica, oltre che a togliere credibilità a politici e commentatori capaci – dalla sera alla mattina – di capovolgere criteri e argomenti (liberali o statalisti, antisussidi o pro sussidi), a seconda della causa da favorire o della categoria da bastonare.

Dirà qualcuno: ma è così che si fa «politica industriale», è così che si «crea un mercato». Ora, a parte il fatto che – da un punto di vista teorico – pare ridicolo pensare di aprire nuovi mercati a forza di sussidi imposti dall'alto. Ma soprattutto – dal punto di vista pratico – è insensata l'idea che, per far funzionare qualcosa, in questo caso per agevolare uno scambio di beni e servizi, occorra necessariamente l'intromissione pubblica (poco importa se di Stato o di super-Stato), con relativa selezione a priori di vincitori e vinti.

Si potrebbe sintetizzare maramaldeggiando: potevano scegliere tra il *green* e lo sfascio del mercato. Hanno voluto il *green*, e avranno anche lo sfascio del mercato.

Difesa in Europa (ergo, in ambito Nato) o difesa dell'Europa? Meglio la prima ipotesi

Anche in questo decisivo ambito, il discorso di lady Thatcher si rivela almeno due volte profetico e attualissimo. In primo luogo, quando sollecita le classi dirigenti a spiegare all'opinione pubblica l'indispensabilità di una difesa forte: «È una questione di volontà politica e di coraggio politico, di convincere gli elettori in tutte le nostre nazioni che non possiamo contare per sempre sugli altri per la nostra difesa, ma che ogni membro dell'Alleanza deve assumersi una ragionevole quota dell'onere». Pare scritto ieri. E la Thatcher è di una chiarezza cristallina quando spiega che mantenere quanto ci sta più a cuore – prosperità, libertà, stile di vita – non dipende tanto e solo dalla bontà delle nostre idee, quanto dalla robustezza della nostra difesa. Lasciamole ancora una volta la parola: «Ma non dimentichiamo mai che il nostro modo di vivere, la nostra visione e tutto ciò che speriamo di raggiungere sono garantiti non dalla giustezza della nostra causa ma dalla forza della nostra difesa. Su questo, non dobbiamo mai vacillare, mai fallire».

In secondo luogo (e qui è come se la Thatcher avesse partecipato alla campagna elettorale del 2024...), la leader britannica insiste su come gli sforzi europei per la difesa non debbano assolutamente portare a esiti disgiunti o terzi rispetto alla Nato. Recuperiamo i passaggi chiave: «L'Europa deve continuare a mantenere una solida difesa attraverso la Nato. [...] È alla Nato che noi dobbiamo la pace che è stata mantenuta per oltre quarant'anni». E ancora, poco più avanti: «Dobbiamo sviluppare la Ueo (Unione europea occidentale), non come un'alternativa alla Nato, ma come un mezzo per rafforzare il contributo dell'Europa alla comune difesa dell'Occidente. Soprattutto, in un tempo di cambiamento e incertezza nell'Unione Sovietica e nell'Europa dell'Est, dobbiamo preservare l'unità e la fermezza dell'Europa cosicché, qualsiasi cosa possa mai accadere, la nostra difesa sia sicura».

Come si vede, con trentasei anni di anticipo, la Lady di Ferro aveva individuato gli snodi nevralgici: non dare agli Stati Uniti la sensazione di un disimpegno europeo, anzi di un adagiarsi sotto l'ombrello americano; ma neppure costruire qualcosa che finisca per essere separato e alternativo, e in ultima analisi facilmente risucchiabile su una linea di distanza e diffidenza rispetto all'altra sponda dell'Atlantico.

Spiace constatare quanti – oggi – cadano nel luogo comune di accelerare sulla «difesa dell'Ue» come entità separata e distinta dalla Nato. O anche fingendo di ignorare i rischi di una potenziale guida di fatto francese dell'operazione.

Mettiamola così: perfino al di là delle intenzioni degli attuali o dei futuri leader europei, un eventuale esercito europeo (dotato di rapporti allentati o non chiari rispetto alla Nato) fatalmente collocherebbe l'Ue in una posizione geopoliticamente e geostrategicamente «terza» tra il blocco del «capitalismo democratico» guidato da Washington e i Paesi di «capitalismo autoritario» (nelle loro grandi differenze: dalla Cina all'Iran alla Russia). È evidente che l'Europa possa e debba giocare un ruolo dialogico anche verso Oriente, ponendosi come ponte, ma si può dubitare del fatto che sia saggio farlo mettendosi in una condizione militarmente «equidistante» tra due blocchi.

Tra l'altro, è lecito dubitare che fosse questa la «missione» con cui, dopo la Seconda guerra mondiale, anche con il sostegno e l'incoraggiamento statunitense, fu avviato il cammino europeo: allora nessuno metteva in discussione – per evidenti ragioni – una salda e indiscutibile collocazione occidentale (per un verso) e (per altro verso) la necessità di «europeizzare la Germania». Il rischio è che oggi entrambi questi assiomi siano chiamati in causa: per scegliere un posizionamento terzo, e per accettare una sorta di «germanizzazione dell'Europa». O – in alternativa – un'inevitabile leadership francese, essendo Parigi dotata anche del potere nucleare, e senza nemmeno il contrappeso britannico, vista l'uscita del Regno Unito dall'Ue a seguito della vicenda Brexit.

Appare dunque ineludibile chiarire (e non solo con dichiarazioni solenni, ma con un'effettiva e non equivoca volontà politica) quale sarà (o sarebbe) il rapporto di questi nuovi strumenti con la Nato.

Non solo. Comunque la si pensi sul futuro dell'integrazione europea, e quindi sia che si guardi con favore a un completamento del progetto Ue nel senso di una piena unificazione politica, sia che (come chi scrive) si preferisca un percorso più orientato al rispetto delle diversità anziché alla ricerca dell'omogeneità, vale forse la pena ricordare il rapporto che dovrebbe intercorrere tra strumento militare e strategie di politica estera. Come si può concepire una difesa comune, se prima non si conosce la linea di politica internazionale al cui servizio quello strumento militare dovrebbe essere posto?

A prima vista, la tesi dei fautori della difesa comune appare di assoluto buon senso: a prescindere dalla maggiore o minore velocità dell'integrazione Ue – dicono –, intanto mettiamo almeno in comune forze armate e strategia di difesa. Ma senza la chiara definizione di una linea comune di politica internazionale, è evidente che l'eventuale esercito Ue sarebbe uno strumento nelle mani della strategia geopolitica elaborata dai Paesi più forti: Germania e Francia.

Si sente dire: in ogni caso esistono delle esigenze comuni europee e degli interessi condivisi sul piano geopolitico e geostrategico. Ma questo appare vero solo parzialmente, appena si scende sul terreno concreto, nei teatri di crisi. Si pensi, per fare un solo esempio, al caso del Mediterraneo e del Nord Africa: chi può seriamente affermare che gli interessi francesi e quelli italiani siano del tutto convergenti? Semmai, sono radicalmente competitivi, in termini di influenza, di relazioni, di primazia nello sfruttamento delle risorse energetiche, di orientamento dei flussi migratori, e così via. Un'eventuale azione militare comune a quale priorità di interessi nazionali risponderebbe? Comunque la si pensi, e qualunque sia l'esito finale auspicato, è sconsigliabile eludere queste domande e questi nodi.

Ecco perché, più che parlare di *difesa dell'Ue*, sarebbe serio e prudente parlare di *difesa in Ue*, cioè di adeguati investimenti dei singoli Stati, di cooperazione ovunque possibile a livello comune, ma sempre sotto egida Nato, per rendere chiara e inequivocabile la cornice strategica e valoriale in cui si opererà.

Questo era necessario ai tempi della Thatcher («Le cose stanno andando per il giusto verso: il modello democratico di una società basata sulla libera intrapresa ha provato la sua superiorità; la libertà è all'offensiva, una pacifica offensiva in tutto il mondo, per la prima volta lungo il tempo della mia vita»), ed è a maggior ragione indispensabile oggi, quando non c'è alcuna «*freedom on the offensive*». Anzi, quando la libertà è palesemente sotto attacco, e non di rado in umiliante ritirata.

Conclusione: flessibili approssimazioni successive.
Fare insieme alcune cose, con misura e pragmatismo,
senza imporre un'innaturale omogeneizzazione.
Per una libera cooperazione tra nazioni sovrane.

E siamo dunque giunti alla conclusione del ragionamento di Margaret Thatcher. Lasciamole ancora la parola: «Sono la prima a sostenere che su molte grandi materie le nazioni d'Europa dovrebbero cercare di esprimersi con una sola voce. Voglio vederci lavorare più vicini sulle cose che possono essere fatte meglio insieme che non da soli. L'Europa è più forte quando agiamo così, che si tratti di commercio, di difesa, o dei nostri rapporti col resto del mondo. Ma lavorare insieme più da vicino non implica che il potere debba essere centralizzato a Bruxelles o che le decisioni debbano essere prese da una burocrazia nominata».

E ancora: «Semmai, è ironico il fatto che proprio mentre quei Paesi come l'Unione Sovietica, che hanno cercato di gestire tutto in maniera centralizzata, stanno apprendendo che il successo dipende dalla diffusione e dalla decentralizzazione del potere e delle decisioni, ci siano alcuni nella Comunità che paiono volersi muovere in direzione opposta. Noi non abbiamo fatto arretrare con successo le frontiere dello Stato in Gran Bretagna solo per vederle reimposte a livello europeo con un super-Stato europeo che esercita un nuovo dominio da Bruxelles».

Aveva tre volte ragione. Una prima volta, sul collasso dell'Unione Sovietica (il discorso è del settembre 1988); una seconda volta, sul rischio che qualcuno a Bruxelles tendesse (e tuttora tenda, più o meno consapevolmente) a imitare quel modello catastrofico di centralizzazione; una terza volta, nel suggerire un percorso pragmatico-flessibile-praticabile: quello di una libera cooperazione tra nazioni sovrane, ben disponibili a collaborare intensamente in alcuni ambiti, ma senza rinunciare alla propria autonomia e a una virtuosa competizione tra Stati e territori. L'essenza sta tutta in questa nitida conclusione: «Lasciamo che l'Europa sia una famiglia di nazioni, ciascuna comprendendo meglio le altre, ciascuna apprezzando meglio le altre, facendo più cose insieme ma assaporando le nostre identità nazionali non meno del nostro comune impegno europeo».

Come scrivevo prima, l'Ue, con realismo, potrebbe mettere a disposizione una piattaforma di servizi. Cioè offrire a chi li desidera progetti e programmi, permettendo a ciascuno Stato membro di decidere il livello di coinvolgimento più adeguato per sé e le proprie esigenze. Lasciando da parte – quindi – le pretese di integrazione politica troppo spinta e accelerata. Protesteranno gli eurolirici più dogmatici: «Ma è troppo poco». No, cari signori, sarebbe già molto: e un politico saggio e prudente non dovrebbe mai spingersi oltre la soglia di ciò che è ragionevolmente accettabile dai suoi concittadini in un determinato momento storico.

FINE

Indice

Premessa. I nostri professionisti dell'antifascismo non vogliono un 25 aprile per gli oppressi di oggi in giro per il mondo? La parola per definirli è «razzisti» ... 5

Dedica («fallaciana») agli amici confusi di destra ... 9

1. Si può essere per l'Occidente e insieme contro il vecchio *establishment* politico e le verticalizzazioni tecnocratiche ... 13

2. Terza guerra mondiale: perché è già stata dichiarata, e come mai rischiamo di non vincerla ... 33

3. Il nemico esiste ed è lui a usare l'arma decisiva della deterrenza contro di noi. Come e perché dobbiamo invece utilizzarla noi ... 45

4. L'Onu da ente inutile a entità dannosa. Ragioni per una Comunità delle democrazie ... 57

5. Il nuovo campo di battaglia della comunicazione multimediale (e dell'intelligenza artificiale) ... 65

6. Paradigmi opposti: Reagan-Thatcher vs. Obama-Biden. L'incognita di una nuova presidenza Trump: lui già consegnato dall'attentato alla dimensione del mito, il vecchio Joe precipitato nel ridicolo dopo il primo faccia a faccia in tv (fino al successivo ritiro forzato) ... 85

7. In cerca di spiegazioni: il lungo viaggio antioccidentale dei nostri intellettuali e delle nostre élite 113

8. Islam religione di pace? E intanto le nostre capitali diventano «*no-go zones*» per gli ebrei 127

Supplemento al capitolo 8. L'«islamometro», strumento indispensabile per smascherare i commentatori terzomondisti, i cripto-antisemiti politicamente correttissimi, i sepolcri imbiancati dell'ipocrisia anti Israele, gli odiatori dell'Occidente preferibilmente dislocati a Manhattan, i guru e i paraguru dell'acrobazia dialettica progressista 149

9. Lettera aperta a un giovane confuso 155

10. Conclusione-appendice. L'ultima parola alla signora Thatcher. Pure sull'Europa, aveva ragione lei. E se ripartissimo dal suo gigantesco discorso di Bruges? 167

Il discorso 173

Sorpresa. È un testo utile anche per gli eurolirici, non soltanto per gli eurocritici: se solo gli uni e gli altri lo (ri) leggessero… 187

Note a margine, rileggendo lo Speech 195

Finito di stampare nel mese di gennaio 2025
su carta holmen
con fibra vergine proveniente da foreste sostenibili holmen.com/paper
presso Grafica Veneta S.p.A.
Via Malcanton, 2 – Trebaseleghe (PD)
Printed in Italy

Certificato PEFC
Questo prodotto è realizzato con materia prima da foreste gestite in maniera sostenibile e da fonti controllate
PEFC/18-31-226
www.pefc.it

GRAFICA VENETA
GV CARBON NEUTRAL

Questo libro è fabbricato da Grafica Veneta S.p.A.
con un processo di stampa e rilegatura certificato 100% carbon neutral
in accordo con PAS 2060 BSI